WORDPRESS Gutenberg

Layouts maken met de blok editor

2026, Roy Sahupala

Belangrijke opmerking

De methodes en programma's in deze handleiding zijn zonder inachtneming van enige patenten vermeld. Ze dienen alleen maar voor amateur- en studiedoeleinden. Alle technische gegevens en programma's in dit boek zijn door de auteur met de grootste zorgvuldigheid samengesteld en na een grondige controle gereproduceerd. Toch zijn fouten niet volledig uit te sluiten. De uitgever ziet zich daarom gedwongen erop te wijzen dat ze noch enige garantie, noch enige juridische verantwoordelijkheid of welke vorm van aansprakelijkheid op zich kan nemen voor gevolgen die voortvloeien uit foutieve informatie. Het melden van eventuele fouten wordt door de auteur altijd op prijs gesteld.

We willen je erop wijzen dat de soft- en hardware benamingen die in dit boek worden vermeld, evenals de merknamen van de betrokken firma's meestal door fabrieksmerken, handelsmerken of door het patentrecht zijn beschermd.

Auteur: R.E. Sahupala

ISBN/EAN: 979-8-34-497282-4

Editie: 01-26 KDP

NUR-code: 994

Uitgever: WJAC

Jaar: 2026

Website: www.wp-books.com/gutenberg

Met speciale dank aan:

Mijn lieve vrouw Iris van Hattum en onze zoon Ebbo Sahupala.

INHOUDSOPGAVE

INTRODUCTIE

Gutenberg is de naam van een langdurig WordPress project met als onderdeel een nieuwe editor. De naam is een verwijzing naar Johannes Gutenberg, de uitvinder van de boekdrukkunst in Europa (1400-1468).

Het is de bedoeling dat de Gutenberg-gebruikerservaring in het hele systeem wordt opgenomen. WordPress noemt de editor een blok-editor. Dit geeft een nieuwe kijk op het maken van websites. Met de editor kun je niet alleen tekst verwerken, maar ook eenvoudig andersoortige content toevoegen, zoals een galerij, video, widgets, kolommen, tabellen, enz.

Vanaf versie 5.9 is het zelfs mogelijk om met een thema-editor, blok-thema's te maken en aan te passen. Meer informatie hierover vind je in het boek **WordPress - Blok Thema**.

Deze vernieuwing heeft meer dan een jaar geduurd voordat het in versie 5 werd opgenomen. In het begin heeft de nieuwe editor veel weerstand gekregen, maar inmiddels wordt het door veel gebruikers gewaardeerd.

Dankzij deze ontwikkeling zijn third-party page builders zoals Elementor of Beaver Builder overbodig geworden. Deze zijn ontstaan vanwege de beperkingen van de vorige tekstverwerker, TinyMCE. Het resultaat was een overvloed aan page-editors met een eigen gebruikersinterface.

Doel van dit boek

Dit boek legt niet alle blokken van de editor uit. Je kunt deze op je gemak één voor één bekijken en uitproberen. De blok-editor is zeer gebruiksvriendelijk, maar er zijn enkele tips die je kunt gebruiken om het schrijfproces te versnellen, vooral voor webredacteuren. Dit boek is handig voor ontwikkelaars en ontwerpers om snel en eenvoudig layouts te maken.

Daarnaast wordt in dit boek uitgelegd hoe Gutenberg zich zal **ontwikkelen**, hoe je de **user interface** kunt aanpassen en welke **tools** en **opties** je daarbij kunt gebruiken.

Het boek legt ook uit hoe je:

▹ **Layout blokken** kunt maken.

▹ Een **All in One Page** kunt maken.

▹ **Parallax scrollen** kunt toepassen.

▹ De editor kunt uitbreiden met **Plugins**.

▹ **Animatie** kunt toepassen.

▹ **Herbruikbare Blokken**, **Patronen** en **Templates** kunt maken.

▹ Werken met de nieuwe **Navigatie** en **Widget editor**.

▹ Blokken kunt stylen met **CSS**.

▹ En hoe je een thema kunt aanpassen met een **Site editor**.

Alle oefeningen in dit boek zijn praktisch, het bevat geen overbodige beschrijvingen. Ik leg alleen het meest essentiële uit zodat de informatie direct toepasbaar is.

Uitleg voor MacOS- en Windows-gebruikers. Dit boek is geschikt voor gebruikers die al bekend zijn met WordPress. Tip: neem de tijd! Lees een hoofdstuk zorgvuldig door voordat je plaatsneemt achter de computer.

Benodigdheden

WordPress **basiskennis**. Een WordPress site vanaf versie 6.0.
Verder beschik je over de laatste versie van een **internetbrowser**.

Alle oefeningen zijn uitgevoerd met het thema **Twenty Twenty-One**.
Maakt WordPress gebruik van een nieuw thema, dan is het aan te
bevelen om het thema Twenty Twenty-One te **installeren** en **activeren**.

Het is handig om meer dan één browser te installeren, omdat het mogelijk
is dat bepaalde WordPress functies niet werken in je favoriete browser.
Wanneer dit het geval is, kun je snel overstappen naar een andere browser.

Voor meer informatie ga naar:
http://www.wp-books.com/gutenberg.

Wil je meer weten over WordPress gebruik dan de onderstaande boeken:
WordPress - Basis, **- Gevorderd**, **- WooCommerce**, **- Klassieke Thema**, **- Onder De Motorkap** en **- Blok Thema**.

DE EDITOR IS PAS HET BEGIN

Gutenberg is meer dan alleen het vervangen van een editor. Het is een nieuwe gebruikerservaring die in het systeem wordt toegepast. Het opmaken van pagina's en het opzetten van een website met behulp van onderdelen zoals de Site Editor, Thema Customizer, Widgets en Navigatiemenu zal met de Gutenberg gebruikersinterface worden uitgevoerd.

Roadmap 2019 – 2026

De CEO van WordPress - Automattic, Matt Mullenweg, heeft het project in vier fases verdeeld. Het project zou in 2026 klaar moeten zijn. Hieronder een overzicht van de verschillende fases.

FASE 1 - 2019

Het uitbrengen van een nieuwe standaard blokeditor waarmee het bewerken van berichten en pagina's gebruiksvriendelijker en flexibeler wordt.

FASE 2 - 2022

Vanaf deze fase is de Gutenberg interface te vinden in andere dashboard-onderdelen, zoals de Site, Menu en Widget editor. Hierdoor ontstaat een uniforme gebruikersinterface.

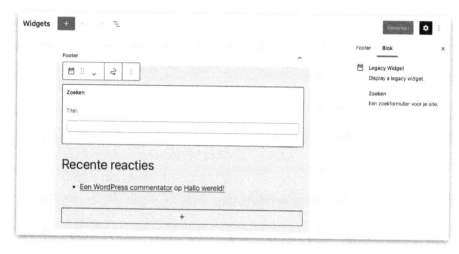

FASE 3 - 2025

In deze fase ligt de focus op samenwerking. Door middel van multi-user editing wordt het mogelijk om bijvoorbeeld gezamenlijk inhoud te schrijven of te werken aan thema's.

FASE 4 - 2026

In deze fase wordt er gewerkt aan een methode om direct vanuit het systeem een meertalige website te ondersteunen. Het gebruik van een meertalige plugin is dan niet meer nodig. Momenteel zijn er geen technische details beschikbaar voor deze benadering.

Het Gutenberg-project is weldoordacht. Het afronden van de fases gaat helaas niet zoals gepland. Developers nemen de tijd om de verschillende fases door te lopen en continu te verbeteren.

GUTENBERG & PAGE BUILDERS

Sinds het uitbrengen van de blokeditor is het mogelijk om diverse layouts te maken. Dit was in de vorige editor TinyMCE zeer beperkt. Vandaar dat er een aantal **Page builders** zijn ontstaan. Deze plugins zijn vaak niet compatibel met diverse WordPress-versies, thema's en plugins.

Een gratis versie is beperkt, een Pro-versie is prijzig en kost ongeveer $45,- tot $250,- per jaar. Bij beëindiging van een licentie zijn updates niet meer beschikbaar. Daarnaast genereert het onnodig veel HTML-code. Deze combinatie zorgt ervoor dat een WordPress-site traag laadt, wat niet bevorderlijk is voor de gebruikerservaring en de zoekmachine-pageranking.

Een groot voordeel van de Blok Editor is dat deze een vast onderdeel is van het systeem. Het kost niets, laadt snel en genereert efficiënte HTML-code. Het systeem is zo flexibel dat er inmiddels third-party-pagebuilders zijn die plugins leveren voor de blok-editor.

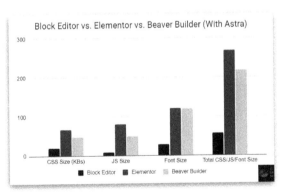

Speedtest 2024, bron: onlinemediamasters.com (sneller is beter).

Inmiddels is er een ecosysteem ontstaan van een groot aanbod van Gutenberg-templates en patronen.

9

Deze kunnen direct in pagina's worden opgenomen.

Gebruikers kunnen vervolgens de content aanpassen.

Voor WordPress-gebruikers zijn er inmiddels een groot aantal Gutenberg-plugins beschikbaar waarmee je blokelementen kunt stylen.

Het is zelfs mogelijk om blokken te voorzien van animatie en interactie.

Deze opties worden opgenomen in de Gutenberg-gebruikersinterface.

Om niet achter te blijven worden inmiddels editor-plugins geleverd door bekende page-builders. Deze zullen altijd wel blijven bestaan. Met behulp van de Gutenberg wordt dit geïntegreerd in de blok-editor. Een eigen gebruikersinterface is niet meer nodig.

Met Gutenberg en third party editor blokken ontstaat een consistente manier om pagina-layouts te maken. Het beste van beide werelden.

Een stukje advies: stop de editor niet vol met Gutenberg-plugins. In de praktijk heb je meestal maar een klein aantal extra blokken en opties nodig.

Meer informatie vind je in het hoofdstuk BLOK EDITOR UITBREIDEN.

BLOK EDITOR

Wat is block-based editing?

In WordPress wordt content gezien als blokken die op elkaar gestapeld kunnen worden, waardoor het opmaken van een pagina of bericht eenvoudig wordt. Wat zijn blokken? Blokken zijn onderdelen zoals een titel, paragraaf, afbeelding, video, knoppen, kolommen, widgets, tabellen, enzovoort.

Een introductie is te zien wanneer een gebruiker voor het eerst een pagina of bericht gaat maken. Meestal wordt dit direct uitgeschakeld. Echter, het is de moeite waard om dit door te nemen. Het laat namelijk in grote lijnen zien hoe je gebruik kunt maken van een blok-editor. Voor degenen die dit hebben gemist, laat ik dit nogmaals zien.

Welkom bij de blok-editor

In de WordPress-editor wordt elke paragraaf, afbeelding of video gepresenteerd als een apart "inhoudsblok".

Volgende

Maak elk blok van jezelf

Ieder blok heeft zijn eigen set bedieningselementen voor het wijzigen van zaken als kleur, breedte, en uitlijning. Deze verschijnen en verdwijnen automatisch wanneer je een blok hebt geselecteerd.

Vorige   Volgende

Na het uitschakelen van de introductie (**x**) kun je direct een **titel** aanmaken, beginnen met **schrijven** of een **blok** plaatsen.

Wil je de introductie zien, ga dan naar **Opties > Welkomstgids**.

Blok editor interface

Ben je begonnen met schrijven of heb je een blok geselecteerd, dan krijg je het volgende te zien.

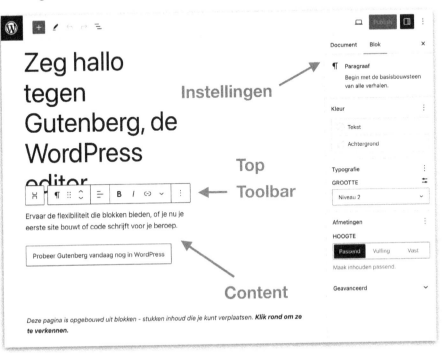

Elk blok bestaat uit **Content**, een **Top Toolbar** en een zijbalk met **Document** of **Blok instellingen**. Afhankelijk van het soort blok zal Content, Top toolbar en Opties verschillen van andere blokken.

Tip: zoals in de introductie wordt aangegeven: "Maak elk blok van jezelf." Bekijk alle blokken, selecteer een blok en bekijk alle opties in de Top toolbar en blok-instellingen voordat je hiervan gebruik maakt.

Meer gereedschap & opties

Iets wat vaak over het hoofd wordt gezien zijn de standaardinstellingen. Door deze aan te passen bespaar je een hoop tijd en ergernis. Heb je niet alle blok-elementen nodig, dan kun je deze beter uitzetten. Vanuit een pagina of bericht ga je naar rechtsboven **Opties** (3 puntjes) > **Voorkeuren**. Klik daarna op de tab **Blokken**.

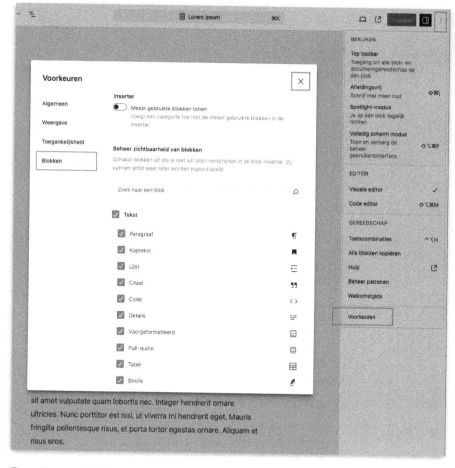

Deactiveer alle blokken die niet nodig zijn. Het is ook mogelijk om een categorie uit te schakelen. Klik daarna op het afsluit-icoon (**x**).

Een webredacteur heeft hierdoor meer overzicht en kan zich daardoor beter concentreren op het maken van content.

Kijk ook naar **Opties > Toetscombinaties**.

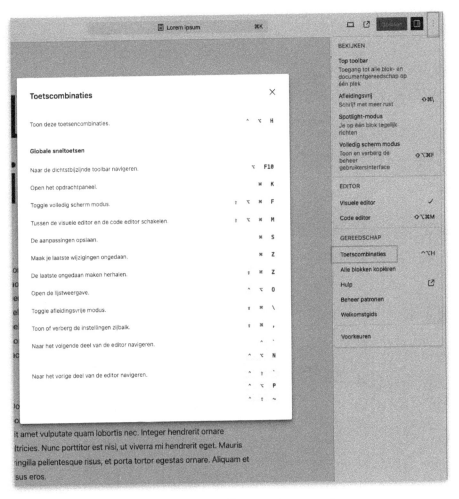

Dit geeft extra informatie om het schrijfproces te versnellen.

Met **Spotlight-modus** zorg je ervoor dat de focus op één blok is gericht. Hiermee wordt duidelijk welk blok is geselecteerd.

Door de **Top toolbar** te activeren, wordt een werkbalk aan de bovenkant van het scherm geplaatst in plaats van boven een content blok.

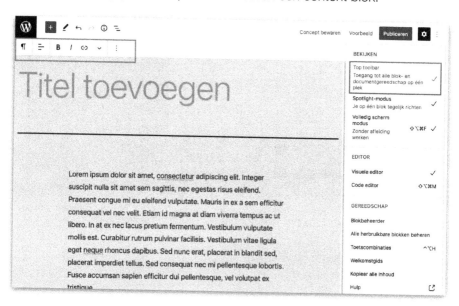

Door **Volledig scherm-modus** uit te zetten, is het niet meer nodig om op het WordPress-logo (linksboven) te klikken om de editor af te sluiten.

Met **Code editor** heb je toegang tot HTML-code. Heb je code aangepast, klik dan op **Updaten** en daarna op **Visuele editor**.

19

Met **Voorkeuren** kun je een aantal instellingen vastleggen.

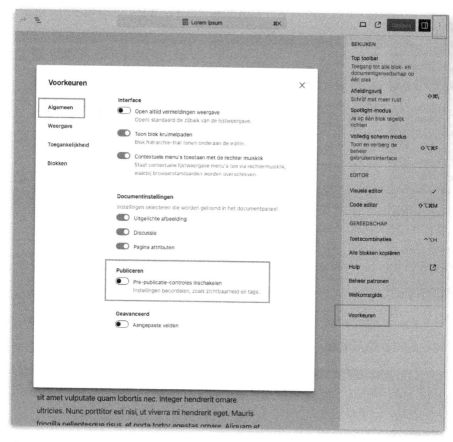

Ga naar **Algemeen** - **Publiceren** en deactiveer **Pre-publicatie-contro-les…** . Hierdoor is het niet meer nodig om twee keer een Pagina of Bericht te publiceren.

BLOKKEN

Bij pagina's of berichten zijn deze linksboven te zien met het **+** icoon.
Je kunt kiezen voor **Blokken**, **Patronen** en **Media**. Scroll in het venster
Blokken om te zien wat er allemaal beschikbaar is.

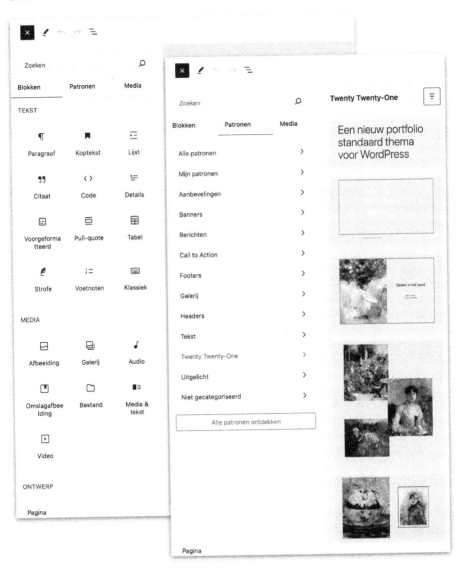

Blokken

Blokken zijn verdeeld in verschillende categorieën: *Tekst, Media, Ontwerp, Widgets, Thema en Insluitingen.*

Tekst

Blokken die je op elkaar kunt stapelen. Gebruik een **Tabel** niet als kolom of opmaak-raster.

TEKST		
¶ Paragraaf	■ Koptekst	⋮☰ Lijst
🟅 Citaat	‹ › Code	☰ Details
⚏ Voorgeformatteerd	⊟ Pull-quote	⊞ Tabel
✐ Strofe	⋮≡ Voetnoten	⌨ Klassiek

Media

Met **Omslagafbeelding** (Cover) is het mogelijk om een afbeelding te voorzien van tekst. Met **Galerij** is het mogelijk om afbeeldingen naast elkaar te plaatsen. Een **Afbeelding** kan met behulp van de uitlijn-tool links of rechts geplaatst worden ten opzichte van een paragraaf.

MEDIA		
⊡ Afbeelding	⊡ Galerij	♪ Audio
▣ Omslagafbeelding	▢ Bestand	▤ Media & tekst
▶ Video		

Ontwerp

Layout-blokken zoals **Kolommen** en **Groep** en **Rij**. Knoppen kunnen naast elkaar worden geplaatst. Met **Pagina-einde** kun je content over meerdere pagina's verdelen. Dit werkt ongeveer hetzelfde als het blok **Meer**. Zijn blokken te dicht op elkaar gestapeld dan kun je met **Vulelement** extra tussenruimte toevoegen.

ONTWERP		
⊟ Knoppen	▥ Kolommen	▤ Groep
⊐⊏ Rij	⊨ Stapelen	⋯ Meer
⊟ Pagina-einde	⊢⊣ Scheidingsteken	↗ Vulelement

WIDGETS

Archieven	Kalender	Categorieën
Eigen HTML	Nieuwste reacties	Nieuwste berichten
Paginalijst	RSS	Zoeken
Shortcode	Social pictogramm en	Tag cloud

Widgets

Het is mogelijk om zijbalk-widgets zoals Archief, Kalender, Categorieën, enzovoort in een Pagina of Bericht op te nemen. Daarnaast zijn ook andere blokken beschikbaar zoals Shortcode, Sociale iconen en RSS feeds. Om **RSS** feeds te gebruiken is een RSS-URL nodig.

Thema

Met deze blokken is het mogelijk om structuur in een Site, Pagina of Bericht aan te brengen. Thema blokken genereren data zoals: Query loop (Berichten), Berichttitel, inhoud, datum etc.

Dit wordt onder andere gebruikt voor het maken en wijzigen van **Templates**, **Template Parts** en **Sjablonen**.

THEMA

Navigatie	Site logo	Site titel
Site slogan	Query loop	Berichtenlijst
Avatar	Titel	Samenvatting
Uitgelichte afbeelding	Auteur	Auteurnaam
Datum	Datum aangepast	Categorieën
Tags	Volgend bericht	Vorig bericht
Lees meer	Reacties	Reacties formulier
Login/uit	Term beschrijving	Archieftitel
Zoekresultaten titel	Auteur biografie	

Insluitingen

Dit zijn elementen voor het insluiten
van content van externe bronnen zoals
WordPress, Twitter, YouTube, Instagram
en meer.

Het blok Facebook is momenteel niet beschikbaar. Het embedden van Facebook
berichten is alleen mogelijk m.b.v. een plugin of embed-code.

Voor het embedden van extra content
(bijvoorbeeld buienradar.nl) is ook embed-
code nodig. Hiervoor kun je het blok
Eigen HTML gebruiken.

INSLUITINGEN

Insluiten	Twitter	YouTube
WordPress	SoundCloud	Spotify
Flickr	Vimeo	Animoto
Cloudup	Crowdsignal	Dailymotion
Imgur	Issuu	Kickstarter
Mixcloud	Pocket Casts	Reddit
ReverbNation	Screencast	Scribd
Slideshare	SmugMug	Speaker Deck
TikTok	TED	Tumblr
VideoPress	WordPress.tv	Amazon Kindle
Pinterest	Wolfram	

Algemeen

Na een versie-update kan de naam van een blok veranderen. Het blok **Cover** wordt bijvoorbeeld **Omslagafbeelding** en **Kop** wordt **Koptekst**. Kijk goed naar het blokpictogram wanneer je bezig bent met een oefening.

Zoals je misschien hebt opgemerkt, zijn blokken afgestemd op het actieve thema. De kleurinstellingen, een Lijst- of Quote-blok, enz. kunnen na een themawisseling veranderen van stijl.

Thema-makers hebben de opmaak van blokelementen opgenomen in een stijlbeschrijving.

Verder in dit boek laat ik zien hoe je **editor-plugins** kunt installeren, waarmee je thema onafhankelijke stijl elementen kunt toepassen.

Alle oefeningen zijn uitgevoerd met het thema **Twenty Twenty-One**. Maakt WordPress gebruik van een nieuw thema, dan is het aan te bevelen om het thema Twenty Twenty-One te **installeren** en **activeren**.

Patronen

Patronen zijn samengestelde blokken. Er zijn standaard patronen, deze zijn verdeeld over de categorieën: *Alle patronen, Mijn patronen, Aanbevelingen, Banners, Berichten, Call to Action, Footers, Galerij, Headers, Tekst, etc.* Daarnaast zijn er ook thema-patronen, zoals *Twenty Twenty-One*.

Een gebruiker kan na het invoegen van een patroon, tekst en afbeeldingen vervangen zonder verlies van opmaak. Hiermee kan een gebruiker snel en eenvoudig pagina's opmaken.

Het is ook mogelijk om zelf patronen te maken en toe te voegen aan een thema. In het hoofdstuk PATROON MAKEN leg ik uit hoe je dit kunt doen.

Herbruikbaar blok

De categorie **Mijn patronen** is pas te zien nadat een herbruikbaar blok is gemaakt. Dit ontstaat wanneer een aantal blokken zijn gegroepeerd en opgeslagen.

Net als bij patronen kan een gebruiker een **Herbruikbaar blok** toevoegen aan een Pagina of Bericht. Nadat het blok is ontkoppeld kan voorbeeldinhoud worden vervangen.

Een herbruikbaar blok is niet verbonden aan een thema. Dit betekent dat na een thema-wisseling het herbruikbaar blok niet van stijl verandert.

In het hoofdstuk HERBRUIKBAAR BLOK laat ik zien hoe je een herbruikbaar layout-blok kunt maken.

WERKEN MET DE BLOK EDITOR

Nu je weet wat Gutenberg is, hoe het theoretisch werkt en over welke categorieën je beschikt, gaan we een kijkje nemen hoe dit werkt in de praktijk.

We gaan niet alle blokken doornemen. Dit mag je rustig op je gemak bekijken. Het gaat er voornamelijk om hoe je in het algemeen werkt met de editor, bijvoorbeeld hoe je geneste elementen kunt selecteren en hoe je blokken kunt samenstellen. Als praktisch voorbeeld ga ik werken met een aantal blokken. Hopelijk krijg je hierdoor meer inzicht in de user interface en hoe je snel en eenvoudig een pagina kunt opmaken.

Starten met een ander blok type

Het bloktype veranderen na het toevoegen van een nieuwe paragraaf kan met behulp van de **/** (forward slash) toets. Hierdoor is het niet nodig om eerst een blok te verwijderen en daarna een nieuw blok toe te voegen.

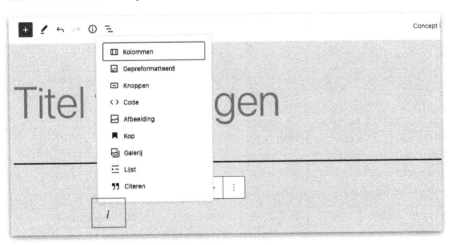

Na het intypen van **/** (forward slash) verschijnt er een selectie-venster.
Maak een keuze of typ na de slash de naam van een blok (b.v kolommen).

Veranderen van blok type

Ben je begonnen met een **Paragraaf** en wil je van blok-type veranderen, b.v. **kolommen**, dan is het niet nodig om dit te verwijderen.

Klik op het **paragraaf icoon** linksboven in de **Top toolbar**. Er verschijnt dan een **selectievenster** waarin je het blok-type kunt veranderen.

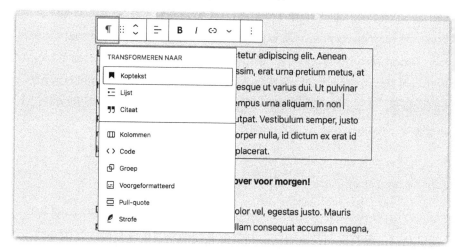

Heb je daarna gekozen voor **Kolommen** vergeet dan niet het blok te verdelen in twee kolommen. Plaats in het rechterkolom een paragraaf-blok.

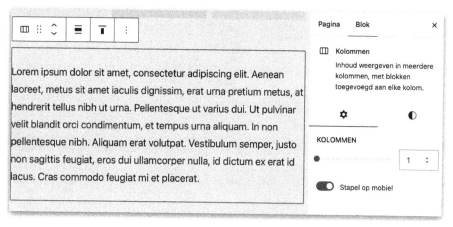

Verdeel daarna de content over twee kolommen.

Pagina informatie

Ga naar **Document overzicht > Omlijning** voor extra pagina-informatie.

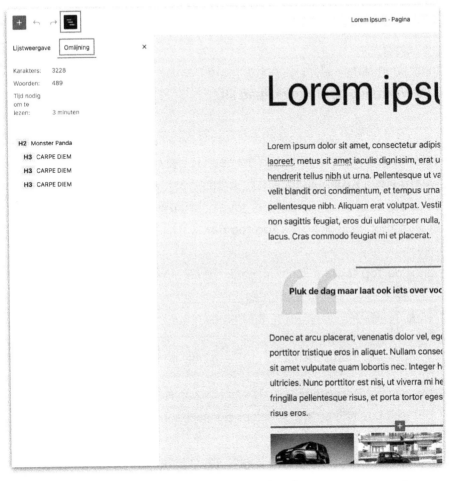

Dit onderdeel laat het aantal karakters, woorden, koppen en paragrafen zien.

Blok selecteren en navigatie

Blokken worden bovenop elkaar gestapeld. Werk je met kolommen dan kan het lastig zijn om geneste elementen (blok in een blok) te selecteren en aan te passen.

In dit soort situaties kun je gebruik maken van een **Blokselectie (1)** tool, **Lijstweergave (2)** of **Kruimelpad (3)**.

Wil je b.v. de *linkerkolom* selecteren om deze uit te lijnen, dan is de **Blokselectie** tool niet toereikend. In dat geval kun je gebruik maken van **Lijstweergave** of **Kruimelpad**. Klik in de paragraaf van de linkerkolom en selecteer daarna vanuit **lijstweergave** of **kruimelpad > Kolom**.
Er verschijnt dan een kolom **Top toolbar**.

Vanuit de **Top toolbar** is het mogelijk om een "parent blok" te selecteren.

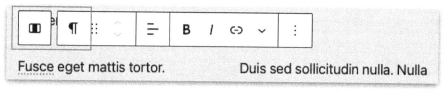

Links van het **Paragraaf** icoon is namelijk een **Kolom** icoon te zien.
Door hierop te klikken krijg je kolom-eigenschappen te zien.

In **Lijstweergave** is de gehele pagina structuur te zien. Door een selectie te maken navigeer je meteen naar het juiste onderdeel. Volgorde aanpassen kan met behulp van Drag & Drop. Het is ook mogelijk om meerdere blokken te selecteren.

Met de linkerpijl icoon ◄ kun je een bewerking ongedaan maken, met de rechterpijl icoon ► een bewerking herstellen.

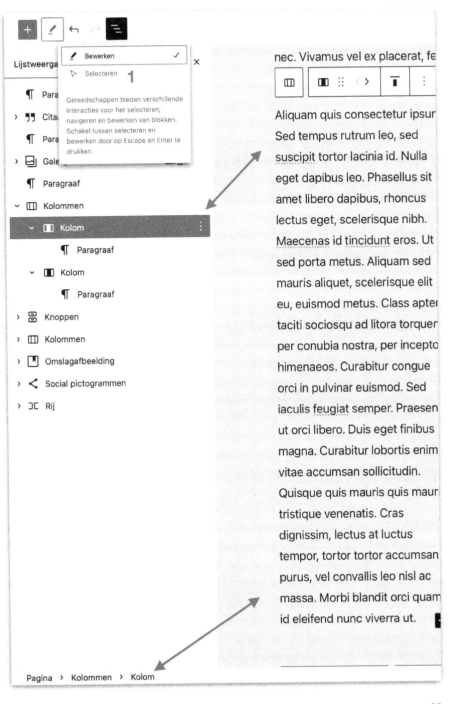

Algemene blok eigenschappen

Tekst wordt automatisch opgenomen in een **Paragraaf-blok**. Na het selecteren van het blok wordt in de rechterkolom de tab **Blok** geactiveerd. Met behulp van **Instellingen** kun je blok-eigenschappen aanpassen.

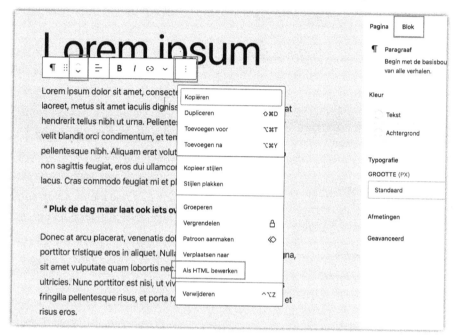

Met een **Pijl** icoon vanuit de **Top toolbar** kun je de blok volgorde verticaal aanpassen. **Slepen** is ook mogelijk (links van pijl icoon). Met **Opties** (3 puntjes) kun je het blok **Dupliceren**, **Verwijderen** of **Als HTML bewerken**.

Klik daarna op **Visueel bewerken** om terug te keren.

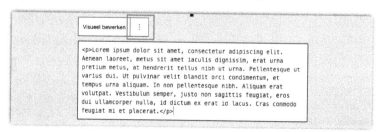

Inline blok elementen

Inline elementen zijn eigenschappen zoals: **bold**, *cursief* en koppelingen.

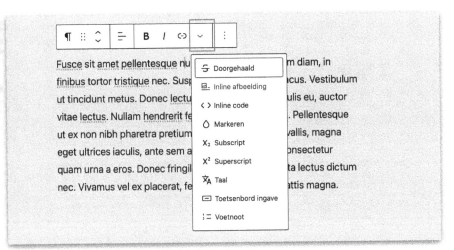

Vanuit de **Top toolbar > Meer** (∨ icoon), krijg je extra eigenschappen te zien: ~~Doorhalen~~, Inline ☺ afbeelding, Inline code, Markeren, Subscript, Superscript, Taal, Toetsenbord ingave en Voetnoot.

Afbeelding op dezelfde regel

Plaats de cursor in tekst. Selecteer vanuit **Top toolbar > Meer blokge- reedschappen tonen > Inline afbeelding**.

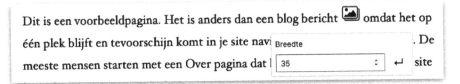

Daarna **Media** selecteren en **breedte** aanpassen. Let op! Een inline af- beelding werkt niet in alle thema's, soms wordt een zin afgebroken.

Een andere methode om een inline afbeelding op te nemen is door een **emoji** te gebruiken. De keuze is groot, hiervoor is geen plugin nodig.

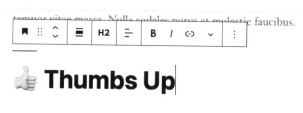

Ga naar *emojipedia.org*, **selecteer** en **kopieer** een **Emoji** en **plak** deze in de tekst of titel. Op de volgende pagina's ga ik een aantal inline elementen behandelen.

Afbeelding naast paragraaf

Klik op het ■ icoon om een **Paragraaf** en **Afbeelding** toe te voegen. Selecteer de afbeelding en verklein dit.

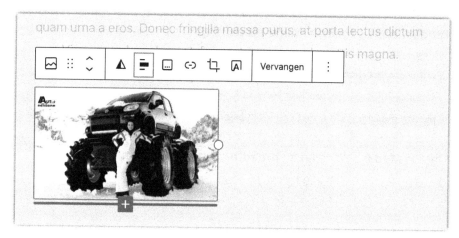

Klik daarna op een **uitlijn** knop, selecteer **Links uitlijnen**.

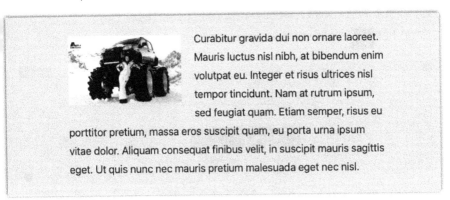

Daarna de afbeelding **omhoog** verplaatsen met een **pijl** knop in de **Top toolbar**. Hierboven het resultaat.

Afbeeldingen naast elkaar

Met een **Galerij** kun je twee of meer afbeeldingen naast elkaar plaatsen. Maak een **Galerij** aan bestaande uit twee afbeeldingen.

Wil je een derde afbeelding toevoegen, selecteer dan het blok. Klik op **Toevoegen > Mediabibliotheek openen**. Kies een nieuwe afbeelding. Klik daarna op **Galerij updaten**. Het aantal **kolommen** wordt verhoogd naar drie.

Knoppen naast elkaar

Knoppen kunnen ook naast elkaar worden geplaatst.
Klik op het ➕ icoon om **Knoppen** toe te voegen.

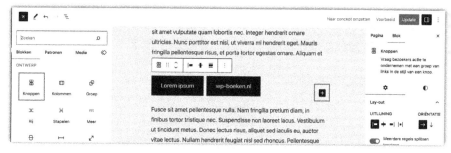

Nadat een knop is toegevoegd krijg je rechts van de knop een ➕ icoon te zien. Hiermee wordt een nieuwe knop **inline** (naast elkaar) geplaatst.

Koppeling

Koppelingen zijn ook inline elementen. Een handig tip om snel een koppeling te maken: kopieer een URL (**Ctrl+c**). Selecteer tekst of afbeelding. Plak URL (**Ctrl-v**), (Apple gebruikers ⌘-c en ⌘-v).

Vergeet daarna niet om aan te geven of een koppeling wel of niet in een nieuw tabblad geopend mag worden.

Anchor

Met HTML ankers kun je interne links maken. Bijvoorbeeld een koppeling om snel naar beneden te scrollen. Maak 3 Paragrafen aan en **Selecteer** de laatste **Paragraaf**. Bij **Blok optie > Geavanceerd** - **HTML anker** plaats je één of twee woorden, zonder spaties. In dit geval **p3**.

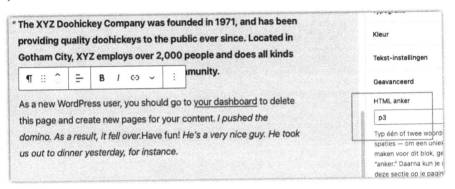

Helemaal bovenaan de pagina ga je een koppeling maken. Plaats tekst, **Naar paragraaf 3**. Selecteer de tekst en maak een **interne link**. Dit kan door te beginnen met een hashtag gevolgd door een anker-naam, **#p3**.

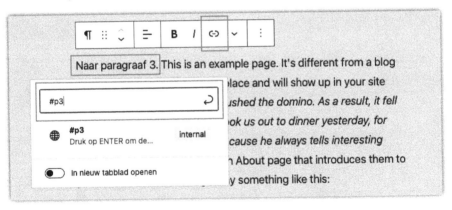

Klik op **enter**, daarna op de knop **Updaten** en bekijk je pagina.

Sociale pictogrammen

Sociale pictogrammen worden naast elkaar geplaatst.
Deze zijn te vinden onder **Widgets > Sociale pictogrammen**.

Nadat het blok in een pagina is ingevoegd, klik je op het **+** icoon. Verschillende iconen zijn te zien. Met de knop **Alles bekijken** zijn meer sociale pictogrammen te vinden.

Selecteer een aantal iconen. Daarna op een social icoon om het te voorzien van een URL.

Daarna mag je nog wat blok-eigenschappen aanpassen.

Selecteer het blok **Sociale pictogram-men** met **Lijstweergave** of **Kruimelpad**. Pas een aantal instellingen aan.

Bij **Opties > Stijlen** is gekozen voor **Donkergrijs**.

Bij **Opties > Instellingen - Link instel-lingen**: **Activeer** - Links in een nieuwe tab openen.

Net als bij afbeeldingen naast een para-graaf, is het ook mogelijk om sociale pic-togrammen naast een ander blok-element te plaatsen.

In het voorbeeld zie je **sociale pictogrammen** naast een **knop**.
Daaronder een **afbeelding** naast **pictogrammen**.
In het voorbeeld zijn alle blokken links uitgelijnd.

Groep

Een **Groep** is een blok dat diverse blokken kan bevatten. Nadat een blok is ingevoegd selecteer je eerst een layout, b.v. **Groep: verzamel blokken in een container**. Daarna wordt een **+** icoon weergegeven.

Hiermee kun je nieuwe blokken aan het groepsblok toevoegen. De individuele blokken zijn nog steeds aanpasbaar. Je kan hierbij gebruik maken van **Lijstweergave** of het **Kruimelpad**.

Je kunt ook aaneengesloten blokken groeperen. Selecteer een aantal blokken, klik op **Opties** (drie bolletjes) en selecteer **Groeperen**.

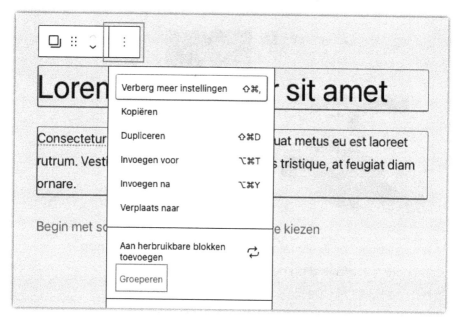

Het voordeel van een groep is dat het kan worden voorzien van een **Rand** of **Achtergrondkleur**.

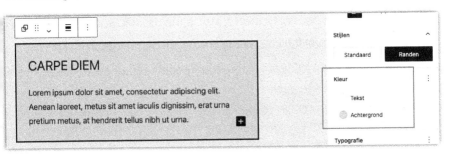

Bovendien is het eenvoudiger om een groep te kopiëren en te plakken dan losse blokken.

Met behulp van **Opties > Loskoppelen** kun je een groep omzetten naar individuele blok-elementen.

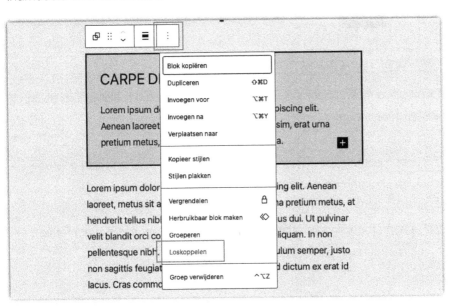

Kolommen

Dit blok is gemaakt om tekst/content horizontaal over een pagina te verdelen. Zoals je wellicht hebt opgemerkt, kun je met behulp van een uitlijn-tool een aantal blokken naast elkaar plaatsen. Als dit niet mogelijk is, kun je kolommen gebruiken. Hiermee is het ook mogelijk om groepen naast elkaar te plaatsen.

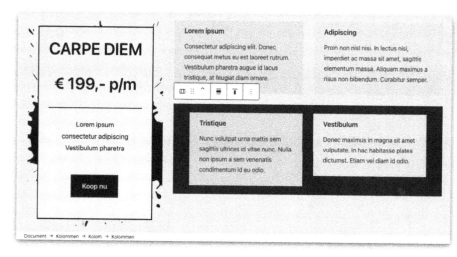

Denk goed na wanneer je kolommen wilt gebruiken om elementen naast elkaar te plaatsen.

Wil je een aantal afbeeldingen naast elkaar plaatsen, maak dan geen gebruik van kolommen, maar van het blok **Galerij**.

Wil je een afbeelding links plaatsen en een paragraaf aan de rechterkant maak dan gebruik van het blok **Media & tekst**.

In het hoofdstuk LAYOUT KOLOMMEN wordt uitgelegd hoe je een pagina kunt opmaken met kolommen.

Rij

Ook dit blok is gemaakt om content horizontaal over een pagina te verdelen. Elk blok of groep dat aan het blok **Rij** wordt toegevoegd, wordt automatisch naast elkaar (inline) geplaatst.

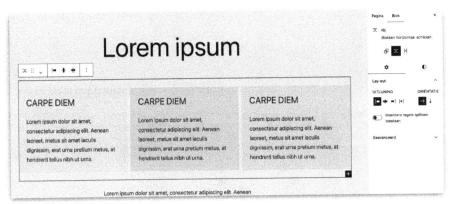

De uitlijning van interne blokken kun je regelen met behulp van de blokeigenschappen.

Wil je snel en eenvoudig blokken naast elkaar plaatsen, maak dan gebruik van het blok **Rij** in plaats van kolommen.

WIJDE & VOLLEDIGE BREEDTE

De blok-editor heeft nieuwe uitlijn-opties namelijk: **Wijde** en **Volledige breedte**. Hiermee maakt een blok gebruik van de beschikbare breedte van een **thema** of **browser-venster**. Let op! Niet alle thema's ondersteunen dit. In dat geval worden deze opties niet weergegeven.

Hieronder volgt een overzicht van de **blokken** die hiervan gebruikmaken:

Tekst	Ontwerp	Insluitingen
Kop	Kolommen	Alle - tenzij insluiting beperkt is
Pull-quote	Groep, Rij	
Tabel	Scheidingslijn	

Media	Widgets	Thema
Afbeelding	Archief	Query loop
Galerij	Kalender	Bericht-titel
Audio	Categorieën	- inhoud
Omslagafbeelding	Nieuwste reacties	- datum
Bestand	Nieuwste berichten	- samenvatting
Media & Tekst	RSS feed	- uitgelichte afbeelding
Video	Tag wolk	

Wijde breedte maakt gebruik van de volledige breedte van het thema. In de meeste gevallen heeft een thema een maximale breedte. Als de site wordt geladen in een browserscherm dat breder is dan het thema, krijgt het blok dezelfde breedte als het thema.

Volledige breedte maakt gebruik van de volledige breedte van een browservenster. Als de site wordt geladen in een venster dat breder is dan het thema, krijgt het blok dezelfde breedte als het venster.

Volledige hoogte werkt alleen met een **Omslagafbeelding**.
Hiermee wordt de volledige hoogte van een afbeelding vertoond.
Je kunt dit combineren met
Wijde en Volledige breedte.

Het thema Twenty Twenty-One ondersteunt deze opties, zie het voorbeeld aan de rechterkant. Bovenaan zie je een paragraaf- en afbeeldings-blok, beide gecentreerd. Daaronder zie je 3 kolommen met tekst en een afbeelding met wijde breedte. Helemaal onderaan is er een afbeelding met volledige breedte en hoogte (zie optie - Volledige hoogte).

Dankzij de nieuwe opties ben je niet langer gebonden aan de standaard breedte van een pagina. Dit biedt meer ruimte om bijvoorbeeld een omslagafbeelding als header te gebruiken of een pagina van 3 kolommen te voorzien. Je kunt hiermee ook verschillende blokken naast elkaar plaatsen. Kortom, het geeft gebruikers meer mogelijkheden om pagina's en berichten op te maken.

Wanneer je een ander thema gaat gebruiken, let dan op of het thema beschikt over beide opties. In het volgende hoofdstuk laat ik zien hoe je twee of meer standaard blok elementen naast elkaar kunt plaatsen.

Lorem ipsum dolor sit amet, consectetur adipiscing elit. Donec consequat metus eu est laoreet rutrum. Vestibulum pharetra augue id lacus tristique, at feugiat diam ornare. Praesent finibus nibh dolor, vel vulputate eros fringilla vitae. Vestibulum lobortis tincidunt augue, et varius risus convallis quis. Proin dignissim faucibus eros, ut condimentum felis vehicula at. Nam vitae ligula ante. Quisque id congue risus. Duis ligula mi, ultricies fermentum interdum nec, laoreet in mauris.

Decenteced

Lorem ipsum dolor sit amet, consectetur adipiscing elit. Donec consequat metus eu est laoreet rutrum. Vestibulum pharetra augue id lacus tristique, at feugiat diam ornare. Praesent finibus nibh dolor, vel vulputate eros fringilla vitae. Vestibulum lobortis tincidunt augue, et varius risus convallis quis. Proin dignissim faucibus eros, ut condimentum felis vehicula at.

Proin non nisl nisi, in lectus nisi, imperdiet ac massa sit amet, sagittis elementum massa. Aliquam maximus a risus non bibendum. Curabitur semper tellus eu arcu blandit, vel venenatis tortor aliquet. Nunc volutpat urna mattis sem sagittis ultricies id vitae nunc. Nulla non ipsum a sem venenatis condimentum id eu odio. Donec finibus tortor a dolor cornalis viverra. Nulla nisl est ac urna gravida posuere.

Vestibulum ante ipsum primis in faucibus orci luctus et ultrices posuere cubilia curae; Aenean ipsum urna, laoreet vitae ex a, aliquam efficitur ligula. Etiam aliquet risus ut dignissim imperdiet. Donec maximus in magna sit amet vulputate. In hac habitasse platea dictumst. Etiam vel diam id odio fringilla ullamcorper quis nec tortor. Praesent sapien turpis, tristique eget odio ut, viverra egestas nunc.

Wide braecte

Lorem ipsum dolor sit amet, consectetur adipiscing elit. Donec consequat metus eu est laoreet rutrum. Vestibulum pharetra augue id lacus tristique, at feugiat diam ornare. Praesent finibus nibh dolor, vel vulputate eros fringilla vitae. Vestibulum lobortis tincidunt augue, et varius risus convallis quis. Proin dignissim faucibus eros, ut condimentum felis vehicula at.

Proin non nisl nisi, in lectus nisi, imperdiet ac massa sit amet, sagittis elementum massa. Aliquam maximus a risus non bibendum. Curabitur semper tellus eu arcu blandit, vel venenatis tortor aliquet. Nunc volutpat urna mattis sem sagittis ultricies id vitae nunc. Nulla non ipsum a sem venenatis condimentum id eu odio. Donec finibus tortor a dolor cornalis viverra. Nulla nisl est ac urna gravida posuere.

Vestibulum ante ipsum primis in faucibus orci luctus et ultrices posuere cubilia curae; Aenean ipsum urna, laoreet vitae ex a, aliquam efficitur ligula. Etiam aliquet risus ut dignissim imperdiet. Donec maximus in magna sit amet vulputate. In hac habitasse platea dictumst. Etiam vel diam id odio fringilla ullamcorper quis nec tortor. Praesent sapien turpis, tristique eget odio ut, viverra egestas nunc.

Volledige braecte

LAYOUT BLOKKEN

Blokken worden boven elkaar geplaatst, inline-elementen naast elkaar. Het is ook mogelijk om blokken in andere blokken te plaatsen. Dit noemen we **nesten**. Er zijn diverse variaties mogelijk. In het hoofdstuk *Blok selecteren en navigeren* wordt uitgelegd hoe je blokken kunt selecteren om aan te passen, met behulp van de **Lijstweergave**, het **Kruimelpad** en de **Top Toolbar**. Enkele blokken die andere blok-types kunnen bevatten zijn: **Groep**, **Omslagafbeelding**, **Media & Tekst** en **Kolommen**. Je kunt dit zien als een Parent-blok dat een Child-blok bevat.

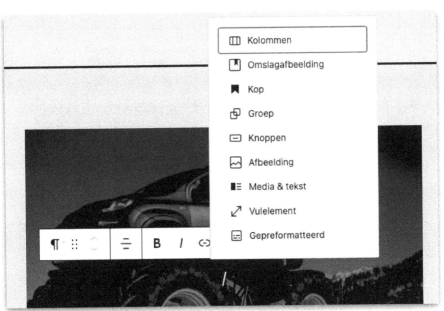

Binnen deze blokken kun je eenvoudige layouts maken. In het blok **om- slagafbeelding** is het niet verplicht om alleen tekst te plaatsen. Door in het tekstblok een **/** forward slash te typen worden alle beschikbare blokken vertoond. Het is ook mogelijk om meerdere blokken hierin op te nemen. In de volgende hoofdstukken gaan we een aantal layout blokken opmaken.

Maak eerst een visuele schets van een layoutblok. Hierdoor krijg je meer inzicht in de structuur. Het actieve thema **Twenty Twenty-One** bepaalt de stijl. Als je een blok hebt samengesteld en vervolgens van thema verandert, is de kans groot dat je het opnieuw moet aanpassen.

Nieuwsbrief

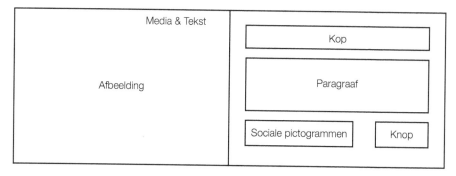

Gebruik het blok **Media & Tekst**, selecteer een afbeelding uit de Mediabibliotheek. Daarna de volgende blokken invoegen: **Kop**, **Paragraaf**, **Sociale pictogrammen** en **Knoppen**.

Gebruik **Lijstweergave** om het juiste blok te selecteren.

Uitlijning

Media & Tekst - Wijde breedte.

Kop - Links.

Paragraaf - Links.

Sociale pictogrammen - Links.

Knop - Rechts.

Kleur

Media & Tekst - Achtergrondkleur: Verloop Paars tot Rood.

Sociale pictogrammen - Pictogramkleur: Grijs.

Extra Blok optie

Media- en tekst -instellingen:

Afbeelding bijsnijden om de gehele kolom te vullen.

Pagina **Opslaan** en bekijk de site.

Dambord effect

Plaats het blok **Media & Tekst**. Vanuit de top toolbar **Opties** (3 puntjes)
Dupliceer het blok Media & Tekst.
Media & Tekst blok 2: **Media rechts tonen** en afbeelding **Vervangen**.

Selecteer beide Media & Tekst blokken m.b.v. je **shift toets** (of vanuit Lijstweergave door op beide blokken te klikken).

Daarna vanuit Top toolbar **Opties** (3 puntjes) blokken **Groeperen**.

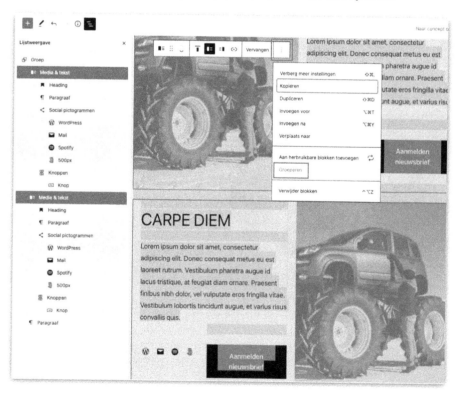

Uitlijning

Lijstweergave > Groep - Uitlijning: **Wijde breedte**.

Voor beide Media & Tekst blokken:

Lijstweergave > Media & Tekst - Uitlijning: **Volledige breedte**.

Pagina **Opslaan** en bekijk de site.

Wanneer je beide Media & Tekst blokken groepeert, kun je daarna met de optie *Volledige breedte* de tussenruimte uitschakelen.

Head blok

Dit is een multi-functioneel layout blok. Het kan onder andere als Kop, Header en Vul-element worden ingezet.

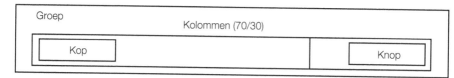

Gebruik het blok **Groep**. Daarna de volgende blokken invoegen: **Kolommen 70/30**, linkerkolom **Kop** en rechterkolom **Knoppen**.

Gebruik **Lijstweergave** om het juiste blok te selecteren.

Uitlijning

Groep en **Kolommen** - Wijde breedte.
Kop - Links.
Knoppen - Rechts.

Kleur

Groep - Achtergrondkleur: Grijs.

Extra Blok optie

Knop - Stijlen: Omlijning.

Wil je een achtergrondafbeelding, gebruik dan het blok **Omslagafbeelding** in plaats van het blok **Groep**. De hoogte van een achtergrondafbeelding instellen kan met behulp van blok opties.

Pagina **Opslaan** en bekijk de site.

Team

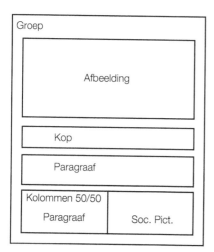

Gebruik het blok **Groep**.
Daarna de volgende onderdelen invoegen: **Afbeelding**, **Kop**, **Paragraaf** en **Kolommen 50/50**.
Linkerkolom **Paragraaf**,
rechterkolom **Sociale pictogrammen**.

Gebruik **Lijstweergave** om het juiste blok te selecteren.

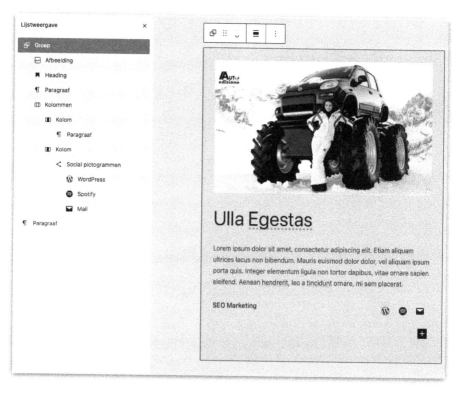

Uitlijning

Kop en **Paragrafen** - Links.
Sociale pictogrammen - Rechts.

Kleur

Groep - Achtergrond: Rood.
Sociale pictogrammen - Pictogramkleur: Grijs.

Typografie

Paragrafen - Lettertype
grootte: Extra klein.
Laatste **paragraaf**:
Top toolbar: Vet (**B**).

Pagina **Opslaan** en bekijk
de site.

Balk boven en onder

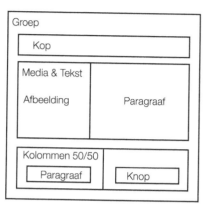

Gebruik het blok **Groep** met de volgende onderdelen.

Boven, **Kolommen 100** - **Kop**.

Media & Tekst - **Paragraaf** rechts.

Daaronder, **Kolommen 50/50**.

Linkerkolom - **Paragraaf.**

rechterkolom - **Knoppen**.

Gebruik **Lijstweergave** om het juiste blok te selecteren.

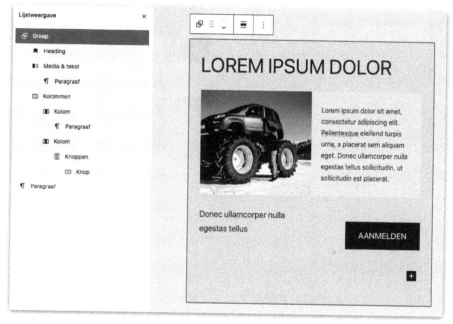

Uitlijning

Media & Tekst - Wijde breedte.

Knoppen - Rechts.

Kleur

Groep - Verloop: Rood tot Paars.
Media & Tekst > Paragraaf - Achtergrondkleur: Blauw.

Typografie

Media & Tekst > Paragraaf - Lettertype grootte: Extra klein.

Extra Blok optie

Media- en tekst -instellingen - Afbeelding bijsnijden om de gehele kolom te vullen.

Pagina **Opslaan** en bekijk de site.

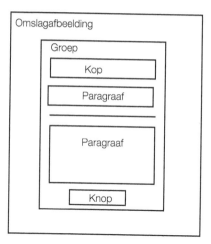

Prijs

Gebruik het blok **Omslagafbeelding**. Daarna de volgende onderdelen invoegen: **Groep** met daarin: **Kop**, **Paragraaf**, **Scheidingsteken**, **Paragraaf** en **Knop**.

Omslagafbeelding - Afbeelding of transparante afbeelding (b.v. vlek).

Gebruik **Lijstweergave** om het juiste blok te selecteren.

Heb je gekozen voor een afbeelding met transparante achtergrond dan wordt het blok niet ingekaderd.

De **Bedekking-kleur** moet dan wel hetzelfde zijn is als de achtergrond-kleur van het thema, de **Transparantie** staat op **nul**. Deze opties zijn te vinden onder Blok instellingen.

Uitlijning

Omslagafbeelding - Inhoud onderaan gecentreerd.

Groep, Kop, **Paragraaf**, **Knop** - Centreren.

Kleur

Groep - Stijlen: Rand, Kleur - Zwart, Achtergrondkleur: Verloop Groen tot Geel.

Paragraaf - Tekstkleur: Zwart

Scheidingsteken - Stijlen: Dik, Tekstkleur: Zwart

Knop - Tekstkleur: Groen, Achtergrondkleur: Donkergrijs.

Typografie

Heading en **Paragraaf 1** - Aangepast 48 px.

Pagina **Opslaan** en bekijk de site.

Conclusie

Zoals je hebt kunnen zien, is er gebruik gemaakt van diverse parent blokken. Je bent niet verplicht om één blok in een parent blok op te nemen. Met behulp van de opties "Wijde breedte" of "Volledige breedte" sluiten op elkaar gestapelde blokken naadloos op elkaar aan (zie hoofdstuk *Dambord*).

Met geneste kolommen kunnen blokken naast elkaar worden geplaatst. Vanwege het nesten van blokken zul je veelvuldig gebruikmaken van de **Lijstweergave** of het **Kruimelpad**. Door een afbeelding met een transparante achtergrond te gebruiken, kun je het gevoel van kaders doorbreken.

In de volgende hoofdstukken zal ik laten zien hoe je layout blokken naast elkaar kunt plaatsen, maar ook hoe je kolommen kunt gebruiken om een pagina op te maken.

LAYOUT KOLOMMEN

Met behulp van enkele blok-eigenschappen kun je blokken naast elkaar (inline) plaatsen. Als je een complexe opmaak wilt, kun je kolommen gebruiken. Hiermee kun je standaard-blokken en opmaak-blokken naast elkaar plaatsen. Op smartphones en tablets worden kolommen onder elkaar weergegeven.

Het blok **Kolommen** kan als een opmaak-raster worden gebruikt. Vaak wordt hierbij gebruikgemaakt van de **blok-selectietool**, de **lijstweergave** of het **kruimelpad**.

Tip: Maak eerst een visuele schets voordat je kolommen voor de opmaak maakt. Hiermee krijg je een overzicht van de structuur en inhoud. Maak het niet te moeilijk voor jezelf. Het maken van een opmaak met kolommen kan behoorlijk ingewikkeld zijn.

In dit hoofdstuk gaan we één **Call To Action**-box maken in het blok **Kolommen**. Door een kolom met inhoud te dupliceren, krijg je twee opmaakblokken die naast elkaar staan. Vervolgens kun je de inhoud aanpassen.

Opdracht: Maak twee Call To Action blokken die naast elkaar staan.

Call to action in kolommen

De blokken **Groep**, **Omslagafbeelding** en **Media & tekst** zijn ideaal om hiervoor te gebruiken. Deze blokken kunnen helaas niet standaard naast elkaar geplaatst worden, maar met kolommen is dit wel mogelijk. Let op! De stijl van de blok-elementen is afhankelijk van het thema.

1. Maak een nieuwe **Pagina** aan.
2. Ga naar **+** icoon en selecteer **Kolommen**.

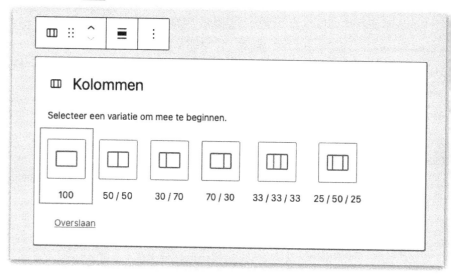

3. Kies voor de variatie: **Één kolom** (100).
4. In het blok **Kolommen** ga je een **+** nieuw blok toevoegen:
   Omslagafbeelding > en selecteer een afbeelding.

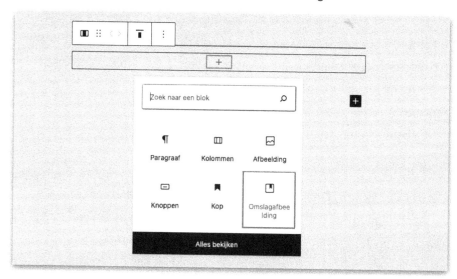

5. Typ **tekst** bovenop de afbeelding, daarna rechts uitlijnen.

6. Klik daarna op **enter**.

7. In het nieuwe blok, type **/** (forward slash) om een nieuw blok te kiezen: **Knoppen**. Typ **tekst** in knop. Knop rechts uitlijnen.

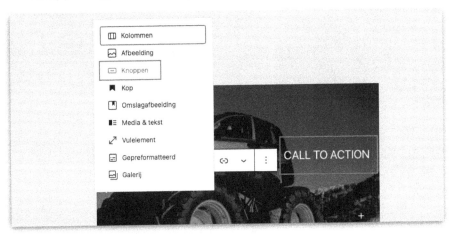

8. Selecteer **Omslagafbeelding** m.b.v. **Lijstweergave** of **Kruimelpad**.

9. **Positie inhoud wijzigen**. Kies voor **Rechtsonder**.

10. Ga daarna naar **Kruimelpad > Kolom** (Let op! Geen kolommen).

11. Ga naar **Meer opties > Dupliceren**.

Zoals je ziet heb je nu twee CTA blokken naast elkaar staan.

12. Selecteer **Kruimelpad > Kolommen - Wijde breedte**.

Klik op de verschillende elementen om dit aan te passen, bijvoorbeeld de tekstgrootte, kleur knoppen, positie en achtergrondafbeelding.

Layout met kolommen

In het bovenstaande voorbeeld is ook het blok **Media & Tekst** gebruikt. Net als een omslagafbeelding is dit opgenomen in kolommen.

Het voordeel van **Kolommen** in **Wijde breedte** met **Omslagafbeeldingen** is dat je hiermee zelfs drie CTA boxen naast elkaar kunt plaatsen.

Op een smartphone/tablet worden deze automatisch onder elkaar vertoond.

Meer met kolommen

In de praktijk wil je snel en eenvoudig layout-blokken naast elkaar hebben staan, zodat een pagina interessant wordt. Hierdoor hoeft een bezoeker minder te scrollen (op een desktopmodel). Maak eerst een visuele schets voordat je begint met layout-kolommen. Hierdoor krijg je meer inzicht in hoeveel kolommen je nodig hebt. Onthoud dat minder altijd beter is.

Layout blok Kop, Paragraaf en Achtergrondaf- beelding	Groep> Kop, Paragraaf en Achtergrondkleur	Groep> Kop, Paragraaf en Achtergrondkleur
	Groep> Kop, Paragraaf en Achtergrondkleur	Groep> Kop, Paragraaf en Achtergrondkleur

De layout bevat de volgende elementen: 1x **Kolommen 30/70**.

Linkerkolom > **Layout blok** (Prijs).

Rechterkolom > 2x **Kolommen 50/50** > **Groep** > **Kop**, **Paragraaf**.

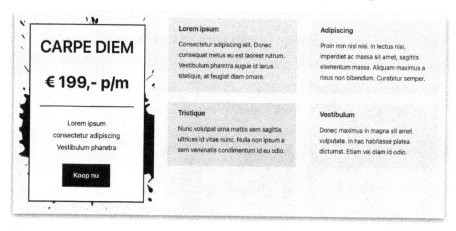

Wanneer een thema het toelaat, kun je gebruik maken van Wijde of Volledige breedte. Als het thema een zijbalk heeft, is er minder ruimte voor horizontale opmaak.

Als je een achtergrondkleur wilt toepassen in een kolom, is het beter om de **Kop** en **Paragraaf** te **groeperen** en deze groep van een **achtergrondkleur** te voorzien. Bij het gebruik van een achtergrondkleur in een kolom, wordt er binnen het thema geen binnenruimte (padding) gecreëerd.

Kolommen kunnen ook worden voorzien van een achtergrondkleur. Wanneer dit wordt toegepast, zoals in het onderstaande voorbeeld, ontstaat er ook extra binnenruimte.

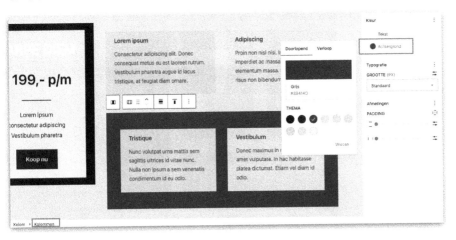

Kolommen hebben, net als andere blokken, standaard eigenschappen die thema-afhankelijk zijn. Gebruikers hoeven zich geen zorgen te maken over marges en padding.

Tip: Gebruik kolommen alleen als je blok-elementen naast elkaar wilt plaatsen. Als je dezelfde layout-blokken naast elkaar wilt plaatsen, voeg dan eerst het blok Kolommen toe aan een pagina met één kolom. Pas vervolgens de opmaak aan en dupliceer het blok (zie hoofdstuk *Call to Action in Kolommen*).

LAYOUT PAGINA

Met behulp van layout-kolommen heb je als content-beheerder de mogelijkheid om pagina's op te maken. Net als bij layout-blokken is het raadzaam om eerst een visuele schets van een pagina te maken voordat je begint. Dit geeft je meer inzicht in wat je nodig hebt.

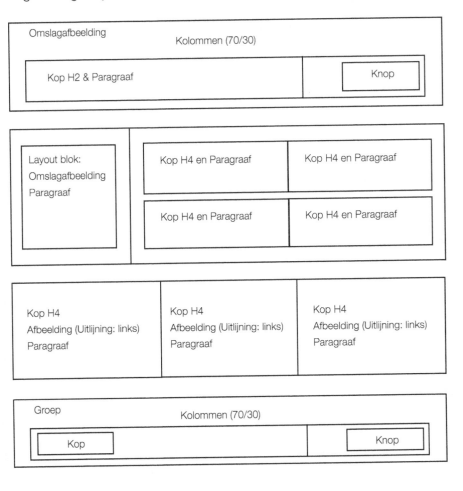

Probeer niet alles in kolommen te plaatsen, maar gebruik dit alleen wanneer nodig. In deze oefening zullen we gebruikmaken van een aantal layout-blokken en kolommen die we eerder hebben gemaakt.

Rij 1. Een **Omslagafbeelding** met daarin > Kolommen 70/30. In de linkerkolom een Kop H2 en Paragraaf, in de rechterkolom een knop. Met behulp van **Blok** opties > **Afmetingen** > **Minimumhoogte van cover** (rechterkolom) kun je de hoogte van een omslagafbeelding aanpassen.

Rij 2. **Kolommen** 30/70. In de linkerkolom een Omslagafbeelding met een Paragraaf. In de rechterkolom twee kolommen 50/50. In elke kolom een Kop H4 en Paragraaf.

Rij 3. **Kolommen** 33/33/33. In iedere kolom een Kop H4, afbeelding (uitlijning links) en een Paragraaf.

Rij 4. Een **Groep** met daarin > Kolommen 70/30. Linkerkolom een Kop H2. Rechterkolom een Knop.

Alle Parent (container) blokken hebben als uitlijning **Wijde breedte**.

Op de rechterafbeelding is te zien dat de afstand tussen de Kop en de Afbeelding/Paragraaf groot is. Met behulp van de blokopties kun je dit aanpassen. Met behulp van editor-plugins heb je nog meer opties. Op een smartphone worden alle blokken onder elkaar weergegeven.

Maak een nieuwe pagina aan en noem deze **Layout in Pagina**. Maak dezelfde layout en gebruik dezelfde instellingen.

In dit boek wordt de term **Pagina Layout** gebruikt.

Layout in Pagina

In WordPress worden soms ook de termen **Template**, **Page** of **Sjabloon** gebruikt.

ALL IN ONE PAGE

In een All-In-One Page-site is alle inhoud van een website opgenomen op één pagina. Net zoals bij layout-pagina's is het verstandig om te beginnen met een visuele schets. Op die manier kun je snel zien of een pagina interessant en duidelijk leesbaar is, en welke blokken nodig zijn.

Nadat je klaar bent, kun je de site voorzien van een navigatie-menu. Hiermee kan een gebruiker eenvoudig door de pagina scrollen om het gewenste onderdeel te bekijken. Met een "*terug naar boven*"-knop kan een gebruiker terugkeren naar het navigatiemenu.

Voor het automatisch scrollen moet je eerst een plugin **installeren**. Deze maakt het scrollen naar specifieke onderdelen van de pagina veel leuker.

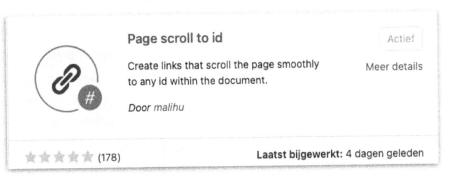

Activeer de plugin. Je zult de werking pas zien nadat HTML-ankers en koppelingen zijn gemaakt.

Layout all in one page

Om wat tijd te besparen gaan we de layout van het vorige hoofdstuk gebruiken. Maak een nieuwe pagina aan en noem dit **All in One Page**.

Layout in Pagina

Ga naar de pagina **Layout in Pagina** en selecteer de gehele pagina met behulp van de toetscombinatie Windows Ctrl-A of MacOS ⌘-A.

Vanuit de Top toolbar **Opties** (3 puntjes) alle blokken **Groeperen**. Daarna Groep **Kopiëren**. Ga naar Pagina **All In One Page**. Klik in het blok-veld. Met de rechtermuisknop selecteer je **Plakken**.

Daarna vanuit de Top toolbar **Groep** m.b.v. **Opties** (3 puntjes) > **Dupliceren**.

HTML ankers

Een mooie plek voor HTML ankers zijn de **Omslagafbeeldingen**.

Selecteer de eerste Omslagafbeelding. Ga daarna naar **Blok** opties >

Geavanceerd - HTML anker gebruik de naam **sectie-1**.

Selecteer de tweede Omslagafbeelding en gebruik de naam **sectie-2**.

Daarna de Pagina **Publiceren**.

Het zou ook fijn zijn als een gebruiker naar de **Footer** kan scrollen.

Ga naar **Dashboard > Weergave >**
Customizer - Widgets.

Klik op het ➕ icoon.

Plaats de widget **Pagina scrollen**
naar id-doel in de sidebar **Footer**.

Widget aanpassen, id: **footer**.

Klik daarna op **Publiceren**.

De volgende stap is: koppelingen
maken. Koppelingen maken naar
HTML ankers kan met tekst, knoppen
of vanuit het navigatie-menu.

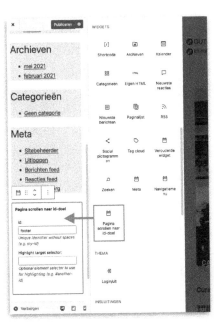

Navigatie menu

Ga naar **Dashboard > Weergave > Menu's**. Maak een navigatie menu aan en koppel dit aan het thema locatie **Primair menu**.

Daarna **Menu items toevoegen**. Maak gebruik van **Aangepaste links**.

Bij **URL**, het HTML anker adres: **#sectie-1**, **#sectie-2** en **#footer**.

Bij **Linktekst**: Sectie 1, Sectie 2 en sectie 3. Daarna **Menu opslaan**.

Startpagina aanpassen

Ga naar **Dashboard > Instellingen > Lezen**. Bij **Je homepage toont**: Selecteer **Een statische pagina** met als homepagina **All In One Page**.

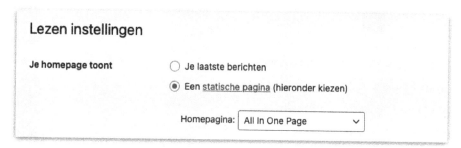

Daarna **Wijzigingen opslaan**.

Bekijk de website. Nadat je het navigatie-menu hebt uitgeprobeerd merk je meteen dat er een knop ontbreekt, namelijk **Terug naar boven**.

Ga naar **Dashboard > Pagina > AI In One Page**.

Knop aanpassen in zwarte balk. Verander **Meer info** naar **Naar boven⬆**.

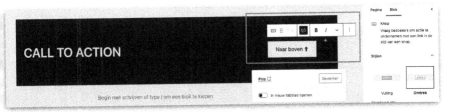

URL wordt: **#top**. Het uitzetten van een HTML anker met de naam **top** is niet nodig. WordPress heeft dit al voor je geregeld. Bekijk de site.

Vanuit de **footer** kun je ook niet terug naar boven scrollen. Dit ga je aanpassen. Ga naar **Dashboard > Weergave > Widgets**.

Klik op het ➕ icoon. Plaats het blok **Knoppen** onderaan in de sidebar Footer.

Daarna het blok aanpassen. **URL** wordt **#top**.

Selecteer het blok en ga naar **Blok-opties > Stijlen**.

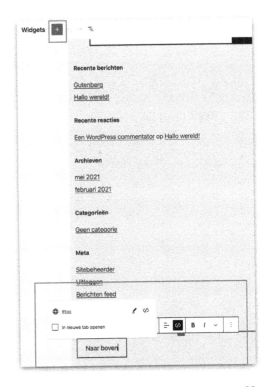

Bij **Stijlen** selecteer **Omlijning**.

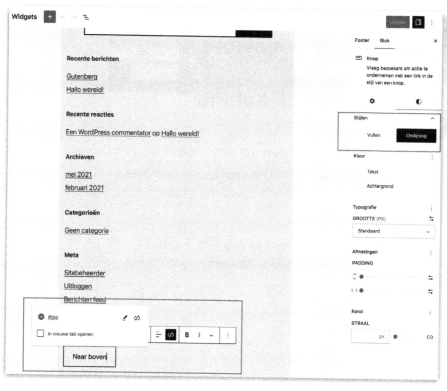

Site **Publiceren** en bekijk de website.

PARALLAX SCROLLING

Dit is een techniek waarbij content over elkaar heen kan scrollen. Vanwege de gelaagdheid kun je op een leuke en interactieve manier een verhaal overbrengen.

Met behulp van de blok-editor is het mogelijk om één of meerdere achtergrondafbeeldingen te gebruiken. Deze techniek wordt vaak toegepast in een All-In-One Page. In dit hoofdstuk gaan we een nieuwe pagina layout maken.

Visuele schets:

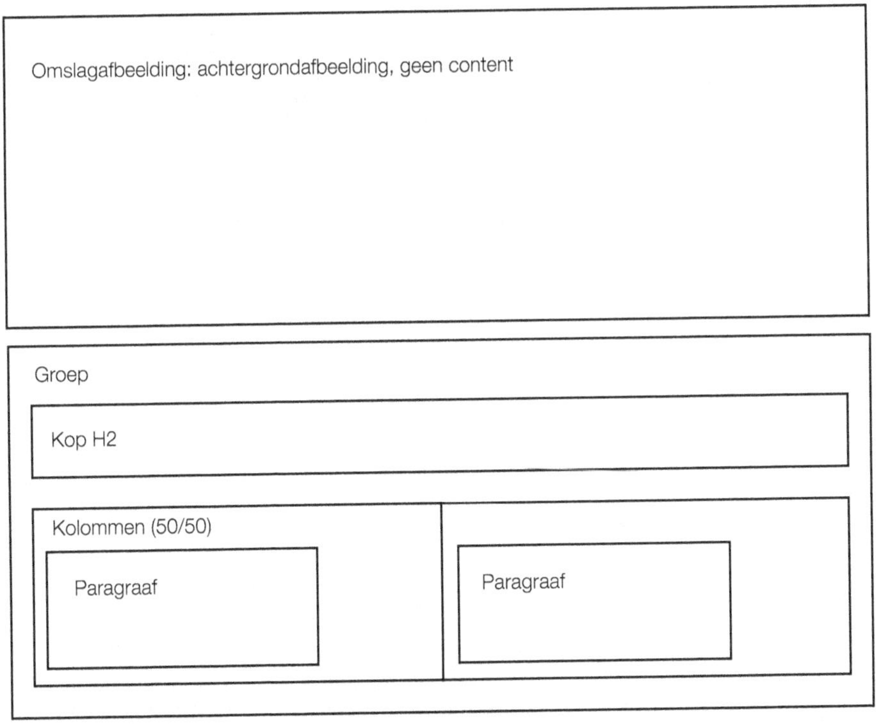

Omslagafbeelding: achtergrondafbeelding, geen content

Groep

Kop H2

Kolommen (50/50)

Paragraaf

Paragraaf

Rij 1. Een **Omslagafbeelding**. Uitlijning **Volledige breedte**.

Blok opties **> Media-instellingen**: Vaste achtergrond (Parallax).

Blok opties **> Bedekking**: Transparantie: 0.

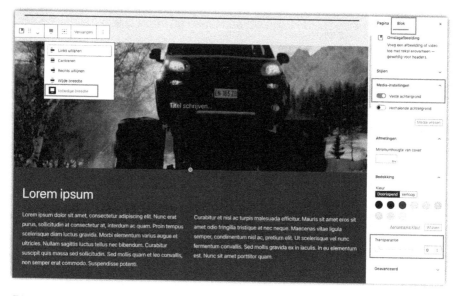

Rij 2. Een **Groep** met daarin **> Kop** en **Kolommen** 50/50.

In de **linkerkolom** en **rechterkolom** een **Paragraaf**.

Uitlijning

Groep - Volledige breedte.

Kop - Wijde breedte.

Kolommen - Wijde breedte.

Kleur

Groep - Achtergrondkleur: Grijs.

Daarna rij 1 en 2 **dupliceren** en afbeeldingen vervangen.

In het voorbeeld op de volgende pagina is het resultaat te zien.

Vanwege de uitlijning Volledige breedte sluiten de blokken op elkaar aan en is schermvullend. M.b.v. de uitlijning Wijde breedte wordt de inhoud (Kop, Kolommen en Paragraaf) binnen het kader van het thema gehouden. Klik op **Publiceren** en bekijk de site.

Tijdens het scrollen is het Parallax scroll-effect te zien.

Voor een automatische scroll-effect, zoals in het hoofdstuk *All In One Page* installeer/activeer de plugin **Page Scroll to id**.

Schakel daarna **HTML-ankers** uit. Ik adviseer om deze te koppelen aan de omslagafbeeldingen. Zorg er ook voor dat de footer een HTML-anker krijgt.

Maak vervolgens een **navigatiemenu** aan. Vergeet niet om de Pagina te voorzien van een *Terug Naar Boven* knop.

Tip! Kijk ook eens naar **Dashboard > Weergave > Customizer**.
Bij **Kleuren & donkere modus** kun je de achtergrond-kleur aanpassen.

BLOK EDITOR UITBREIDEN

Met WordPress kan een content-beheerder op gebruiksvriendelijke wijze content plaatsen. Het thema bepaalt de huisstijl en welke blok-opties beschikbaar zijn.

Met standaardblokken is het mogelijk om interessante pagina's te bouwen. Je bent niet verplicht om blokken boven op elkaar te stapelen en je aan de breedte van het thema te houden.

Wat hebben we tot nu toe gedaan? We hebben voornamelijk **blokken** boven op elkaar gestapeld. Door blokken te combineren, creëer je **layout-onderdelen**. Met **layout-kolommen** kun je blokken en layout-blokken naast elkaar plaatsen. Door deze technieken te combineren, kun je **layout-pagina's** maken. En met behulp van standaard blokopties, HTML-ankers en plugins kun je ook **parallax** scrollen.

In sommige gevallen wil je meer. Je wilt net iets meer controle over bepaal-de blok-opties of nieuwe elementen toevoegen. In dat geval kun je gebruik maken van editor-plugins. Deze plugins zijn thema-onafhankelijk en er zijn inmiddels vele beschikbaar.

Voor wie uitbreiden?

Vraag jezelf eerst af voor wie je dit gaat doen: als webbouwer of als con-tentbeheerder? Een webbouwer kan met deze uitbreiding layouts, her-bruikbare blokken en pagina's maken. Een content-beheerder kan nieuwe content-blokken invoegen. Na het installeren van editor-plugins ontstaat er een overvloed aan blokken en opties, wat het voor een content-beheerder onoverzichtelijk kan maken. Om ze niet in de verleiding te brengen, kan een webbouwer de zichtbaarheid van blokken in- of uitschakelen via **Opties > Voorkeuren > Blokken**.

De meeste plugin-blokken (o.a. *Editor Plus*, zie afbeelding) zijn ook opgenomen in **Opties** (3 puntjes) **> Voorkeuren - tab Blokken**.

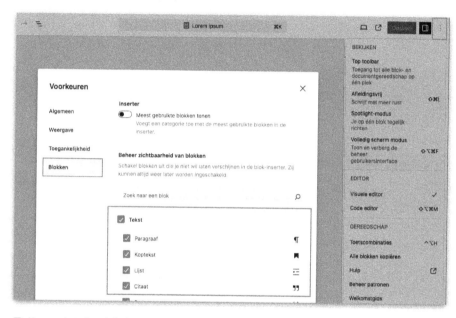

Zelfs nadat de zichtbaarheid is gedeactiveerd, blijven deze blokken actief. Een webbouwer kan gebruikmaken van de extra functionaliteit, terwijl deze voor een beheerder niet zichtbaar is.

Zoals je tot nu toe hebt kunnen zien, kun je met standaardblokken al veel bereiken. Het aantal blok-opties wordt bepaald door het thema.
Als er echter enkele ontbreken, kun je een editor-plugin installeren.

In het volgende hoofdstuk laat ik een overzicht zien van enkele plugins die je goed kunt gebruiken.

Extra blok opties

Ben je tevreden over de standaard blokken, maar wil je toch extra **blok-opties**, dan kun je de volgende plugins gebruiken.

Twentig, Toolkit for Block theme

In dit boek wordt gebruik gemaakt van het thema **Twenty Twenty-One**.

Met behulp van **Dashboard > Weergave > Customizer** en zelfgemaakte layout blokken/pagina's kun je een compleet andere look & feel creëren.

De plugin **Twentig** is speciaal gemaakt voor Twenty... thema's. Het werkt ook goed in andere Automattic thema's. Hiermee krijg je extra **blok-opties**.

Met bijvoorbeeld de optie **Gutter Width - None** wordt de tussenruimte tussen kolommen uitgeschakeld. Dit is handig voor horizontaal aansluitende afbeeldingen.

Met **Dashboard > Weergave > Customizer - Twentig Options** kun je met o.a. Site Layout, Fonts, Header en Footer het thema aanpassen.

Blokken	Patronen	Pagina layout
Nee	Ja	Ja

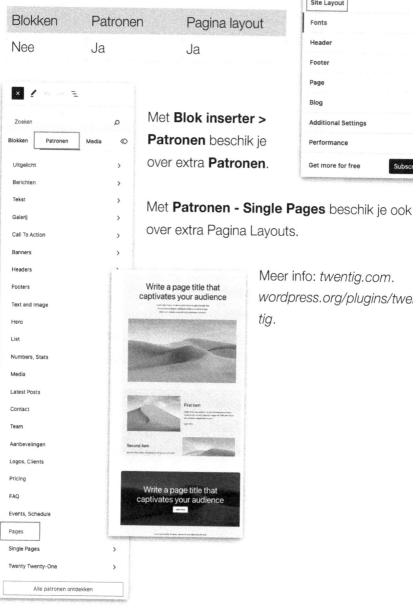

Met **Blok inserter > Patronen** beschik je over extra **Patronen**.

Met **Patronen - Single Pages** beschik je ook over extra Pagina Layouts.

Meer info: *twentig.com*. *wordpress.org/plugins/twentig*.

Gutenberg Blocks Library & Toolkit – Editor Plus

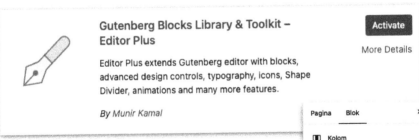

Gutenberg Blocks Library & Toolkit – Editor Plus

Editor Plus extends Gutenberg editor with blocks, advanced design controls, typography, icons, Shape Divider, animations and many more features.

By *Munir Kamal*

Activate

More Details

Dit is een van de beste editor-plugins. Het bevat extra opties en acht extra blokken. Daarnaast krijg je ook nog extra patronen en layout-pagina's. Met de optie **Animation** kun je blokken op een leuke manier in beeld laten verschijnen.

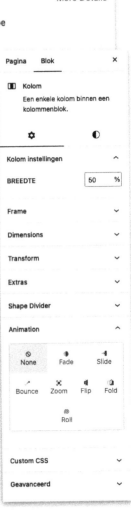

Extra **Blok opties** (rechts): o.a. Typografie, Achtergrond, Schaduw, Radius, Animatie en meer…

Extra **Blokken** (links): o.a. Waardering, Teller, Progressie-balk, Accordion, Tabs, Iconen, Aftellen en Lottie.

Met de plugin kun je Patronen en Lay-outs kopiëren en plakken naar een pagina of artikel.

Ga hiervoor naar: *https://templates.gutenberghub.com.*

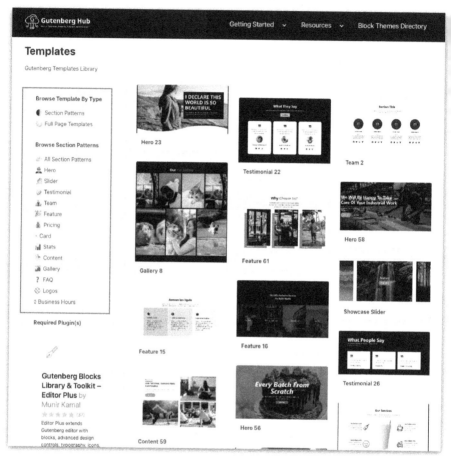

Tip: De plugin werkt goed in combinatie met de browser **FireFox**.

Kijk ook naar de plugin **EditorsKit** van dezelfde maker **Extendify**.

Meer info: *wordpress.org/plugins/editorplus.*

Extra blokken

Inmiddels zijn er veel editor plugins beschikbaar met nieuwe blokken zoals **Layout, Berichten, Formulier, Galerij, Slider, Carousel, Tabs, Accordion, Map, Social iconen, Knoppen, Tijdslijn** en nog veel meer.
Dit aantal zal in de nabije toekomst alleen maar toenemen.

Veel van deze plugins doen hetzelfde. Sommigen bieden naast nieuwe blokken ook patronen en layout pagina's aan. Er is een klein verschil in gebruiksvriendelijkheid. Een aantal zijn freemium. Dit houdt in dat een deel van de plugin gratis (free) te gebruiken is. Wil je het volledige pakket gebruiken, dan kun je een premium versie kopen.

Hier volgt een kleine selectie van blok-plugins.

Genesis Blocks
Door **StudioPress**

Blokken	Patronen	Pagina layout
14	🔲 Layouts	🔲 Layouts

Dit is een freemium plugin. Patronen en Layout pagina's zijn in de Blok-lijst te vinden.
Zie **Layouts**. Werkt in alle thema's.

Meer info: *wordpress.org/plugins/genesis-blocks*.

Otter Blocks
Door **Themelsle**

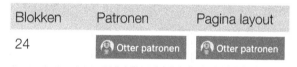

Blokken	Patronen	Pagina layout
24	Otter patronen	Otter patronen

Template Library is te vinden via **Otter patronen**. Het bevat ook animatie-opties.

Meer info: *wordpress.org/plugins/otter-blocks*.

Stackable
Door **Gambit Technologies, Inc**

Blokken	Patronen	Pagina layout
42	Design Library	Design Library

Patronen en Layout pagina's zijn bovenaan in de Bloklijst te vinden. Zie **Design Library**.

Meer info: *wordpress.org/plugins/stackable-ultimate-gutenberg-blocks*.

Gutentor - Gutenberg Blocks
Door **Gutentor**

Blokken	Patronen	Pagina layout
68	Design	Design

Patronen en Layout pagina's zijn bovenaan in de Bloklijst te vinden. Zie **Design**.

Meer info: *wordpress.org/plugins/gutentor*.
En *gutentor.com*.

In de praktijk heb je meestal maar een paar extra blokken en opties nodig.

Tip: Ga op zoek naar een editor plugin met een kleine selectie aan blokken.

Of maak gebruik van een plugin die gemaakt is voor een specifieke functie. Hiermee krijg je in ieder geval geen overvloed aan overbodige blokken en mega opties.

Pagina layout tools

Met layout blokken wordt het eenvoudig om pagina's op te maken. Deze plugins bevatten voornamelijk blokken zoals **Opmaak kolommen**, **Shape dividers**, **Grids**, **Iconen**, **Call to action**, **Typografie**, **Buttons** en nog veel meer. In dit hoofdstuk zie je een kleine selectie van layout-tools.

Gutenberg Blocks with AI by Kadence
Door **Kadence WP**

Blokken	Patronen	Pagina layout
27	Nee	Ontwerp bibliotheek

Page builder met o.a. Row Layout, Advanced Gallery, Tabs, Accordion en Design Library.

Meer info: *wordpress.org/plugins/kadence-blocks*.

GenerateBlocks
Door **Tom Usborne**

Blokken	Patronen	Pagina layout
6	Nee	Nee

Page builder met maar 4 blokken: Grid, Container, Buttons en Headline met uitgebreide opties.

Meer info: *wordpress.org/plugins/generateblocks*.

CoBlocks
Door **GoDaddy**

Blokken	Patronen	Pagina layout
33	Nee	Nee

Page builder met o.a. Carousel, Events, Icon, Logo's en Masonry Gallery.

Meer info: *wordpress.org/plugins/coblocks*.

COBLOCKS

Accordion	Carousel	Shape Divider
Social Profiles	Stacked	Posts (CoBlocks)
Post Carousel (CoBlocks)	Map	Counter
Dynamic Separator	Events	FAQ - Frequently Asked...
Features	Click to Tweet	Collage
Food & Drink	Form	Logos
Masonry Gallery	Pricing Table	Row
Services	Offset	OpenTable
Icon	Gif	Hero
Highlight		

Grid layout

Met een Grid editor plugin heb je extra mogelijkheden om grid-layouts te maken. Handig voor bijvoorbeeld een Mozaïek, Iconen of Berichten layout.

Grids

Door **Evolve**

Blokken	Patronen	Pagina layout
1	Nee	Nee

Grid blok met vooringestelde Layouts.

Het beschikt over een Grid Designer.

Overlappende secties is ook mogelijk.

Meer info: *wordpress.org/plugins/grids*.

Layout Grid Block

Door **Automattic**

Blokken	Patronen	Pagina layout
1	Nee	Nee

Met deze plugin kun je content uitlijnen in kolommen met ondersteuning voor responsive breekpunten voor smartphones en tablets.

Meer info: *wordpress.org/plugins/layout-grid*.

Berichten layout

Guten Post Layout
Door **GutenDev**

GUTEN POST LAYOUT

Post Layout

Blokken	Patronen	Pagina layout
1	Nee	Nee

Met deze plugin kun je Berichten plaatsen in Kolommen, Grid of Slider met bijbehorende blok opties.

Meer info: *wordpress.org/plugins/guten-post-layout*.

Pagina templates

Ghost Kit
Door **nK**

GHOST KIT

Advanced Columns	Progress	Buttons
Divider	Shape Divider	Alert
Icon	Icon Box	Image Compare
Countdown	Number Box	Accordion
Tabs	Video	Carousel
Pricing Table	Testimonial	Table of Contents
Twitter	Instagram	Lottie Animation
Markdown	Google Maps	GitHub Gist
Changelog	Widgetized Area	GIF

Blokken	Patronen	Pagina layout
26	Templates Library	Templates Library

Een Page builder met 26 blokken en een verzameling van Pages en Templates.

Meer info: *wordpress.org/plugins/ghostkit*.

Animatie

Blocks Animation

Door **Themelsle**

Blokken	Patronen	Pagina layout
Nee	Nee	Nee

CSS animatie toepassen voor alle Gutenberg blokken. Instellingen zijn te vinden onder de tab **Blok** opties.

Meer info: *wordpress.org/plugins/blocks-animation.*

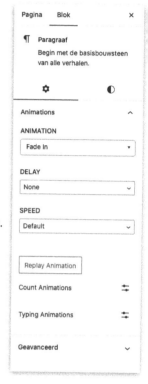

WooCommerce blokken

Na het installeren van WooCommerce beschik je over WooCommerce blokken. Ook voor WooCommerce zijn er editor plugins beschikbaar.

Essential Blocks
Door **WPDeveloper**

Blokken	Patronen	Pagina layout
53	🔲 Pattern Library	🔲 Pattern Library

Met **Essential Blocks** beschik je ook over WooCommerce blokken waarmee je product-rasters en carrousels kunt bouwen.

Meer info: *wordpress.org/plugins/essential-blocks.*

Zoals je hebt kunnen zien, zijn er veel editor plugins die hetzelfde doen. Sommige maken ook gebruik van Third Party Plugins, waardoor je meer plugins installeert dan nodig is.

Wees verstandig en vul je site niet vol met Gutenberg-plugins. Gebruik ze alleen wanneer je ze echt nodig hebt.

EDITOR PLUGIN PRAKTISCH TOEPASSEN

Parallax Scrollen

In dit hoofdstuk gaan we een editor plugin praktisch toepassen. Om meer website beleving over te brengen, ga je een nieuwe pagina maken met dezelfde layout als de pagina *Parallax Scrollen*. De paginatitel wordt **Parallax Scrollen 2**. In de verschillende secties ga je een aantal onderdelen aanpassen. Daarna ga je een aantal blokken voorzien van animatie.

Let op! Kopieer en plak de pagina *Parallax Scrollen* niet in een nieuwe pagina. De oefening werkt beter als de pagina opnieuw wordt opgebouwd.

Zorg dat de plugins **Page scroll to id** en **Editor Plus by Extendify** zijn geactiveerd. Deactiveer alle overige plugins.

Parallax scrollen met dividers

Met behulp van de plugin **Editor Plus by Extendify** zijn er een aantal blokken en opties toegevoegd aan de editor, waaronder het blok **Shape Divider**. Dit is een grafisch element dat is gemaakt om content visueel te scheiden. Hiermee kun je informatie verdelen in leesbare blokken.

In de pagina - *Parallax Scrollen 2* worden hiervoor omslagafbeeldingen gebruikt. Met een **Shape Divider** kun je dit effect versterken. Ga naar de pagina - *Parallax Scrollen 2* en **Selecteer** een **Omslagafbeelding**.

Ga vervolgens naar **Blok optie > Shape Divider**.

Selecteer - een *Golf* stijl. Let op! In sommige browsers krijg je het effect in de editor niet te zien, wel aan de voorkant.

Bij **Arrangement** - *On top of element*. Bij **Position** - *Bottom*.

Pas daarna de **Breedte**, **Hoogte** en **Kleur** (#39414D) aan.

Pas het bovenstaande toe op alle omslagafbeeldingen.

Je kunt maar één Shape Divider op één blok toepassen.

Wil je zowel onder als boven op een omslagafbeelding een Shape Divider plaatsen dan kun je het volgende doen.

Dupliceer de eerste Omslagafbeelding. Selecteer de eerste Omslagafbeelding. Ga naar **Blok optie > Shape Divider > Position** en selecteer **Top**.

Bij **Blok optie > Afmetingen > Minimumhoogte van cover**, hoogte aanpassen van de eerste twee Omslagafbeeldingen. De eerste shape divider krijgt dezelfde **Bedekkingskleur** als de achtergrond van de pagina.

Omdat beide omslagafbeeldingen parallax scrollen en dezelfde achtergond afbeelding delen, lijkt het alsof er maar één omslagafbeelding wordt gebruikt.

De laatste Shape divider is ook een omslagafbeelding. In dit geval is een transparante pixel gebruikt als achtergrondafbeelding.

Instelling **Blok optie > Bedekking**: **Kleur** - Groen.
Transparantie - 0.

Parallax scrollen met animatie

Met behulp van animaties kun je op een leuke en duidelijke manier een verhaal overbrengen. Door blokken op een subtiele wijze te laten verschijnen, kun je informatie stapsgewijs aan een bezoeker presenteren. Zo kun je bijvoorbeeld tekst, afbeeldingen of groepen in een vooraf bepaalde volgorde laten verschijnen. Op deze manier wordt een bezoeker niet direct geconfronteerd met het volledige verhaal.

Met behulp van de plugin **Editor Plus** kun je ook animaties toepassen. Deze instellingen zijn te vinden onder de **blok-opties** nadat de plugin is geactiveerd. Daarnaast bevat de plugin ook animatie-blokken, zoals een **Teller** en een **Progressie-balk**.

Animaties worden pas geactiveerd wanneer het blok in beeld komt.

Ga naar **Dashboard > Pagina's > Parallax Scrollen 2**. Het eerste tekstblok ga je voorzien van animatie. Selecteer de **Titel** (Heading blok).

Ga daarna naar **Blok optie - Animation** en selecteer de optie **Fade**. Je ziet ook nog een aantal andere animatie-effecten. Als je voor een **Slide**-effect hebt gekozen, verschijnt er een extra animatie-optie.

Hieronder alle **Animation** opties:
Player, animatie afspelen.
Direction, animatie richting.
Delay, hiermee kun je aangeven wanneer een animatie mag beginnen.
Duration, tijdsduur van animatie.
Speed Curve, transitie-snelheid (b.v. snel beginnen, langzaam eindigen).
Repeat, herhalen van animatie.

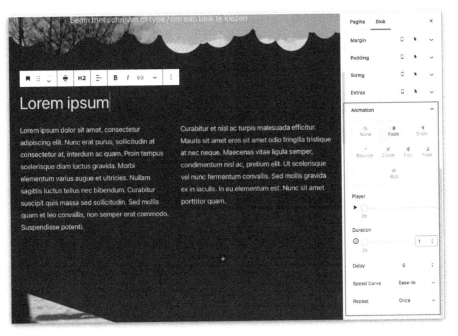

Neem de bovenstaande instellingen over.

Klik daarna op de knop **Updaten** en bekijk je site.

Om ervoor te zorgen dat niet alle animatie-blokken tegelijkertijd verschijnen, kun je gebruikmaken van de optie **Delay**. Selecteer de **linker-paragraaf** en kies voor: **Slide** effect. **Direction - omhoog**. **Delay** - **1** seconde.

Selecteer daarna de **rechter-paragraaf.**

Gebruik dezelfde instellingen.

Delay wordt **2** seconden.

Klik op de knop **Updaten** en bekijk je site.

In de tweede sectie van de pagina ga je de titel voorzien van dezelfde titel-animatie als in sectie 1. Let op, omdat deze sectie nog niet in het scherm wordt vertoond, is het niet nodig om gebruik te maken van een **Delay**.

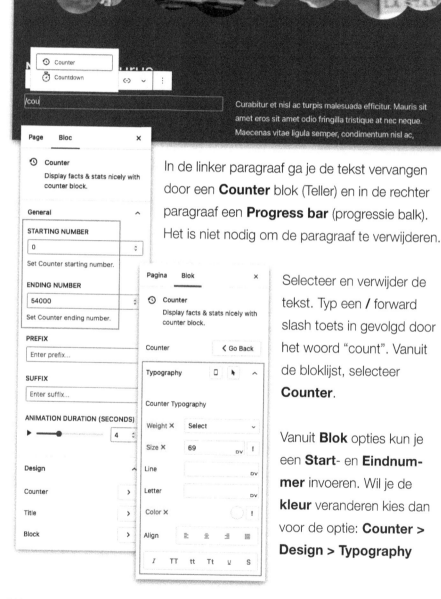

In de linker paragraaf ga je de tekst vervangen door een **Counter** blok (Teller) en in de rechter paragraaf een **Progress bar** (progressie balk). Het is niet nodig om de paragraaf te verwijderen.

Selecteer en verwijder de tekst. Typ een **/** forward slash toets in gevolgd door het woord "count". Vanuit de bloklijst, selecteer **Counter**.

Vanuit **Blok** opties kun je een **Start**- en **Eindnum-mer** invoeren. Wil je de **kleur** veranderen kies dan voor de optie: **Counter > Design > Typography**

Herhaal dit proces voor de rechter paragraaf.

Daarna de **Titel-**, **Binnentekst** en **Percentage** aanpassen.

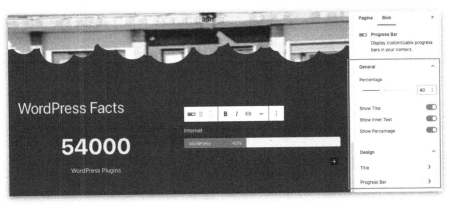

Titel kleur aanpassen, ga naar **Title > Typography**.

Balk kleur aanpassen, ga naar **Progress Bar > Background**.

Klik daarna op de knop **Update** en bekijk je site.

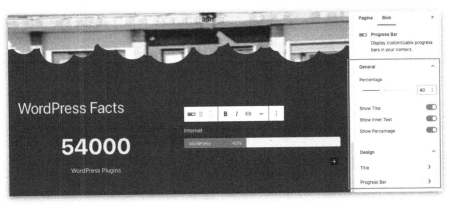

Animatie start wanneer de blokken in beeld komen.

De plugin **Editor Plus** beschikt ook over een Lottie blok. Lottie is een JSON-based schaalbaar animatie bestand. Heb je leuke animaties nodig ga naar **lottiefiles.com**. Nadat je je hebt aangemeld op deze site, kun je een animatie URL kopiëren en plakken in het Lottie blok.

Om te kijken hoe dit werkt ga naar **lottiefiles.com/web-player**.

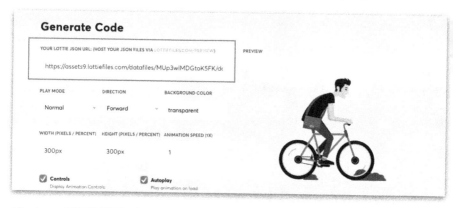

Kopieer **JSON URL**. Let op: Niet generated script code kopiëren.

Ga naar de laatste sectie van de pagina **Parallax Scrollen 2**. In de laatste sectie van de pagina ga je de **Titel** en de **Linker paragraaf** voorzien van dezelfde animatie als in sectie 1. In de **Rechter paragraaf** plaats je een **Lottie** blok. Plak de **URL** in het tekstveld.

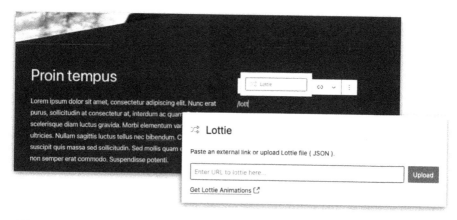

Wil je dat een Lottie animatie in de juiste volgorde inlaadt, dan kun je gebruik maken van de Editor Plus animatie optie. Hiervoor moet dan wel het juiste element worden geselecteerd. Een Lottie blok werkt helaas niet met deze optie. Gelukkig kun je dit wel toepassen op het element waarin een Lottie animatie is opgenomen.

Selecteer het Lottie blok. Met behulp van het voetpad selecteer je **Kolom**. Ga daarna naar **Blok** opties **> Animation**, selecteer **Fade** en **Delay - 2s**.

Klik daarna op de knop **Update** en bekijk je site.

Wil je zelf een Lottie animatie maken ga dan naar:

haikuanimator.com.

createwithflow.com.

synfig.org.

HERBRUIKBAAR, PATRONEN & TEMPLATES

In Pagina's of Berichten kun je **Blokken**, **Patronen**, **Templates** en **Herbruikbare** blokken toevoegen.

Onder de tab **Patronen** zijn diverse pagina-onderdelen beschikbaar. Deze zijn gecategoriseerd onder de naam van een thema (bijv. Twenty Twenty-One) en de categorieën: Alle patronen, Mijn patronen, Aanbevelingen, Banners, Berichten, Call to Action, Footers, Galerij, etc. Onder de categorie met de thema-naam vind je onderdelen die verband houden met het specifieke thema. Als je van thema verandert, krijg je toegang tot nieuwe thema-patronen. De overige categorieën zijn beschikbaar voor alle thema's.

Onder het tab **Patronen > Mijn Patronen** zijn zelf samengestelde blokken te vinden. Het voordeel hiervan is dat een gebruiker het blok niet opnieuw hoeft te maken. Nadat een "herbruikbaar" blok is opgeslagen, is dit te zien in de categorie *Mijn Patronen*. Herbruikbare blokken zijn ook beschikbaar voor alle thema's.

Na het invoegen van een herbruikbaar blok of patroon kan een gebruiker de inhoud wijzigen. De styling van deze elementen is vooraf bepaald, maar kan na het invoegen nog steeds worden aangepast.

119

Herbruikbaar

Hierbij kun je denken aan blokken zoals o.a. een Call to Action, Knop-, Prijs- Testimonial- of Teamblok.

Herbruikbaar blok maken

Ga naar **Dashboard > Pagina's > Nieuwe Pagina**.

Maak een **Call to Action** blok, zie hoofdstuk *Layout blokken > Prijs*.

Selecteer alle blokken (Windows Ctrl-A of MacOS ⌘-A).

Vanuit de **Top toolbar > Opties** (3 puntjes), kies voor: **Patroon aanmaken**.

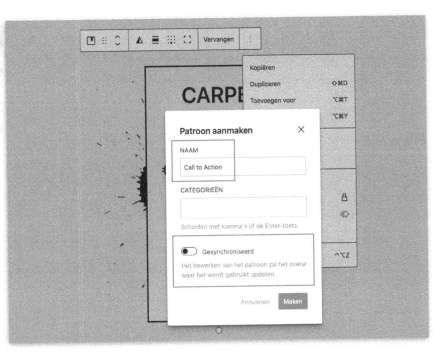

Geef je Patroon een **Naam** b.v. **Call to Action**.

Het is mogelijk om een Patroon te verbinden aan **Categorieën**.

Deactiveer - **Gesynchroniseerd**.

Klik daarna op de knop **Maken**.

Een **Gesynchroniseerd blok** gebruik je wanneer het in verschillende delen van de website wordt opgenomen. Bijvoorbeeld een "Back to Top" blok.

Als je een herbruikbaar blok wilt beheren, ga dan naar:
Dashboard > Weergave > Ontwerp > Patronen.

Herbruikbaar blok toepassen

Ga naar **Dashboard > Pagina's > Nieuwe Pagina**.

Ga naar het icoon en klik op de tab **Patronen > Mijn patronen > Call to Action**, een preview is rechts te zien.

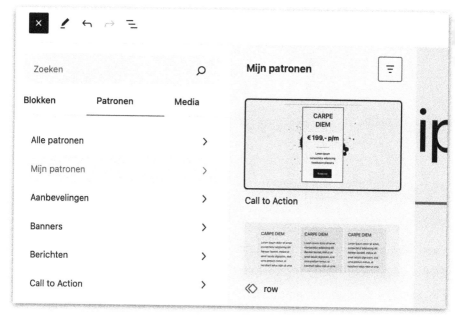

Blok toevoegen. Klik daarna op de knop **Publiceren**.

Daarna mag je het blok bewerken. Selecteer het blok **omslagafbeelding**. Vanuit de **Top toolbar** klik op **Vervangen**. Kies daarna voor één van de opties **Open mediabibliotheek** of **Uploaden**.

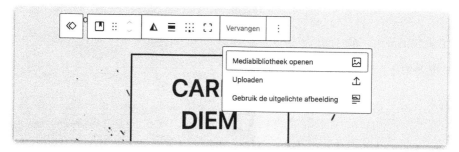

Daarna kun je de titel en tekst aanpassen. De opmaak (stijl) van herbruikbare blokken is meestal verbonden aan het actieve thema. Dit betekent dat na een thema-wisseling de stijl kan meeveranderen.

Gesynchroniseerd patroon

Wil je een veelvoorkomend blok op verschillende delen van je website, dan kun je hiervoor een Gesynchroniseerd patroon maken.

In dat geval **activeer** je de optie **Gesynchroniseerd**.

Tip! Wil je een **Gesynchroniseerd patroon** bewerken zonder dat gesynchroniseerde patronen op andere pagina's meeveranderen, dan kan dit met de optie **Patroon loskoppelen**, zie **Top toolbar > Opties** (3 puntjes).

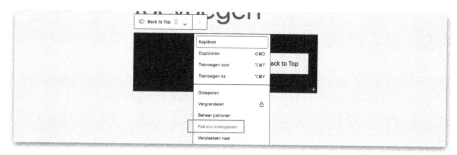

Het blok wordt hiermee omgezet naar een standaard blok.

Patronen

Dit zijn layout-blokken zoals o.a. een Header, Banners, Kolommen, Footers of Thema patronen. Als je zelf patronen wilt toevoegen aan het systeem, kun je dit met de optie **Patroon aanmaken.**

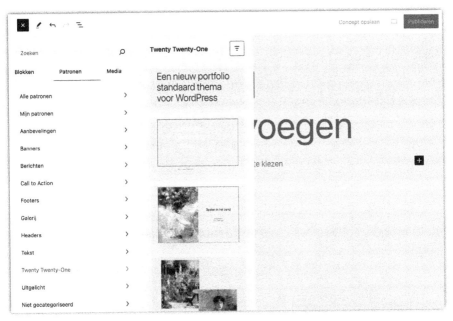

Een Patroon toevoegen kan ook met behulp van code (zie het boek **Word-Press Klassieke Thema** of **WordPress Blok Thema**) of met een **Plugin**.

Zorg er dan wel voor dat het patroon aansluit bij de stijl van het actieve thema. Het voordeel van patronen is dat een gebruiker direct vanuit de editor kan kiezen uit diverse layout-onderdelen. Het is daarna niet meer nodig om blokken extra opmaak te geven.

Nadat een patroon is toegevoegd aan een pagina of bericht, kan een gebruiker de voorbeeld-inhoud vervangen.

Templates

Sommige Gutenberg-thema's en plugins bieden een uitgebreide verzameling van **Templates** (pagina-layout). Het opslaan van aangepaste templates is mogelijk met editor-plugins. In de meeste gevallen heb je echter een premium versie nodig.

Als je herbruikbare templates wilt opslaan, raad ik aan om voorlopig gebruik te maken van de opties **Patroon aanmaken** en de plugin **Reusable Blocks Extended**. Hiermee verkrijg je een extra dashboard-paneel en handige functies zoals een overzicht van herbruikbare blokken en een tool om herbruikbare blokken met één klik te converteren naar blokpatronen.

Templates maken en beheren

Installeer en **Activeer** de plugin **Reusable Blocks Extended**.

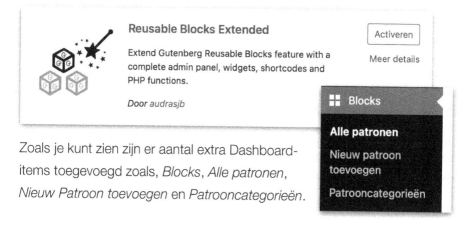

Zoals je kunt zien zijn er aantal extra Dashboard-items toegevoegd zoals, *Blocks*, *Alle patronen*, *Nieuw Patroon toevoegen* en *Patrooncategorieën*.

Ga daarna naar **Dashboard > Pagina's**. Open een pagina waarin je een layout pagina hebt gemaakt (Template), zie hoofdstuk LAYOUT PAGINA.Selecteer alle blokken (Windows Ctrl-A of MacOS ⌘-A).

Ga daarna naar **Opties** (3 puntjes) en selecteer **Kopiëren**. Ga daarna naar
Dashboard > Blocks > Nieuw patroon toevoegen.

Een **Popup-venster** verschijnt. Hierin wordt aangegeven dat het bewerken
van het patroon overal waar het wordt gebruikt wordt geüpdate. Klik ver-

volgens op **Maken**. Geef de pagina een
titel b.v. **Template 1**. Klik daarna in het
tekstveld en **Plak** de layout.

Klik daarna op de knop **Publiceren**.

Template toepassen

Maak een nieuwe Pagina aan. Klik daarna op het ![+] icoon **> Patronen**. Zoals je ziet, is **Template 1** opgenomen in de **Blok Inserter**. De template wordt geplaatst door op een preview afbeelding te klikken.

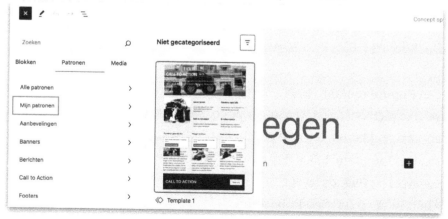

Vergeet daarna niet om de Template/Patroon **los te koppelen**.

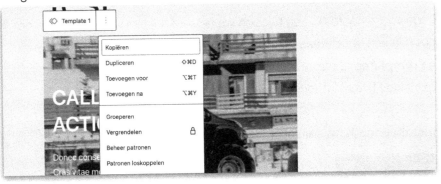

Voor informatie ga naar naar **Dashboard > Blocks**. Vanuit het scherm kun je zien in hoe vaak een gekoppeld patroon is gebruikt en in welke pagina's.

Met **Convert to block pattern** kun je patronen omzetten naar **Converted Reusable blocks**.

Deze blokken kun je nadat ze zijn geplaatst, direct wijzigen zonder ze eerst te ontkoppelen.

Layouts exporteren en importeren

In de vorige hoofdstukken hebben we geleerd hoe we layouts kunnen opslaan in een WordPress-site. Het is ook mogelijk om **blokken**, **patronen**
en **templates** te **exporteren** en op te slaan op je computer, zodat je ze
gemakkelijk kunt importeren in andere WordPress-sites.

Installeer en **Activeer** de plugin **Blocks Export Import**.

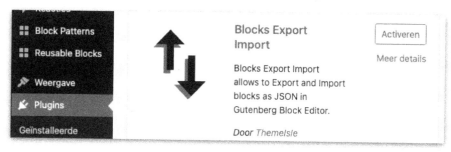

Ga vervolgens naar **Dashboard > Pagina's**. Open een Pagina waarin je
een layout hebt gemaakt, b.v. *Layout in pagina*. Selecteer alle blokken

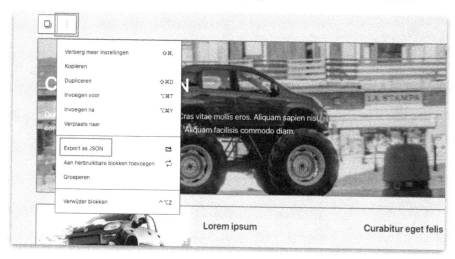

(Windows Ctrl+*A*, MacOS: ⌘+*A*). Ga daarna naar **Opties** (3 puntjes) en
kies voor: **Export as JSON**.

Hiermee wordt de Template als bestand geëxporteerd.
Je kunt het bestand vinden in de map **Downloads**. JSON
staat voor JavaScript Object Notation en is handig voor het
opslaan en transporteren van gegevens. Hernoem het bestand om duidelijk aan te geven welke layout het bevat

**blocks-
export.json**

Bewaar dit bestand voor hergebruik in huidige of toekomstige projecten,
bijvoorbeeld met de naam **header-kolommen-footer.json**.

Ga naar **Dashboard > Pagina's > Nieuwe Pagina**.
Geef de pagina een titel. Ga naar het **+** icoon > **Blokken > Import
Blocks from JSON**. Een **Import Blocks from JSON** is geplaatst.

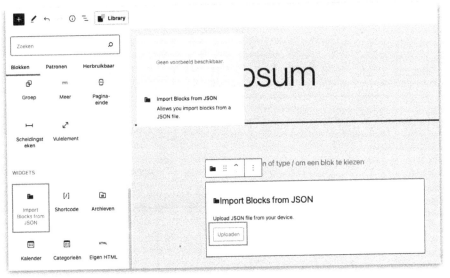

Klik op de knop **Uploaden** en selecteer het JSON-bestand dat je wilt importeren. De template wordt geplaatst en je kunt de pagina verder aanpassen en opslaan. Als je een layout wilt importeren in een nieuwe site en deze
is gemaakt met behulp van een editor-plugin, vergeet dan niet om de plugin ook te installeren en activeren op je nieuwe site.

Opmaak tips

Als je **blokken**, **patronen** of **templates** maakt voor hergebruik, zijn hier een aantal opmaaktips:

▷ Gebruik een eenvoudige structuur, maak het gebruiksvriendelijk.

▷ Let op spatiëring, paragrafen en verdeel tekst in leesbare blokken.

▷ Gebruik verschillende layout blokken.
   Pagina's worden hierdoor divers en interessant.

▷ Geef aan wat voor content wordt verwacht.
   Gebruik **Lorem ipsum** tekst en **Placeholders**.

▷ Gebruik geen tabellen als layout-grid maar Kolommen.

▷ Gebruik aangepaste kleuren i.p.v. thema kleuren.

▷ Probeer layout blokken te verbeteren.

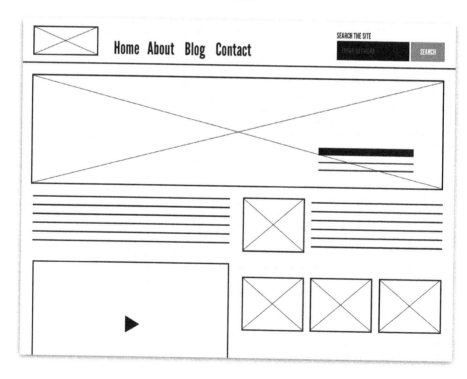

NAVIGATIE EDITOR

In fase 2 van het project Gutenberg is er gewerkt aan nieuwe **opties** voor het **Navigatie-blok**. Hiermee kun je snel en eenvoudig een menu opnemen of samenstellen in een **Thema bestand**, **Widget zijbalk**, **Pagina** of **Bericht** voor b.v. **HTML ankers**.

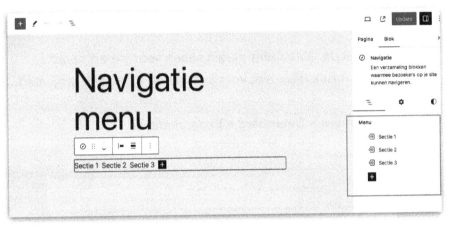

Nadat een **Navigatie menu** (zie hoofdstuk *Navigatie menu*) is gemaakt met behulp van **Dashboard > Weergave > Menu**, kun je deze snel toepassen.

In fase 1 was het mogelijk om deze functie te bekijken met behulp van de De **Gutenberg plugin**. Deze plugin bevat de nieuwste en experimentele functies die nog niet zijn opgenomen in een reguliere versie.

Inmiddels is het **Navigatie-blok** vrijgegeven. Mocht je geïnteresseerd zijn in de laatste experimentele functies van het project, dan kun je de plugin alsnog installeren en activeren om te bekijken.

Gutenberg plugin

Installeer en **activeer** de plugin **Gutenberg**.

Gutenberg

De Gutenberg plugin biedt functies voor bewerken, aanpassen en het bouwen van sites in WordPress....

Door Gutenberg Team

Nu installeren

Meer details

Let op! Gebruik de Gutenberg-plugin alleen voor experimentele doeleinden. Gebruik deze niet voor bestaande of nieuwe projecten.

Ga naar **Dashboard > Gutenberg > Experimenteel**.

De blok-editor bevat experimentele functies die je kunt gebruiken terwijl ze ontwikkeld worden. Selecteer degene die je wilt inschakelen. Deze functies zullen waarschijnlijk veranderen, dus gebruik ze niet in productie-sites.

Klik op de knop **Wijzigingen opslaan**.

Navigatie menu samenstellen

Ga naar **Dashboard > Weergave > Menu's**. Maak een nieuw menu aan met de naam: **Anker menu**. Let op, het menu is **niet** verbonden aan een menu locatie.

In het menu zijn drie **Aangepaste links** opgenomen.

1. URL is **#p1** - Navigatielabel **Sectie 1**.
2. URL is **#p2** - Navigatielabel **Sectie 2**.
3. URL is **#p3** - Navigatielabel **Sectie 3**.

Een navigatiemenu maken kan ook met **Dashboard > Weergave > Customizer**. Klik daarna op de knop **Nieuw Menu aanmaken**.

Is een **Blok thema** geactiveerd b.v. **Twenty Twenty-Two**, maak dan een nieuwe pagina aan. Klik op het ➕ icoon en selecteer het blok **Navigatie**.

Ga naar **Blok opties > Menu** en klik op **Maak nieuw menu**.

Klik daarna op het ➕ icoon om een menu link toe te voegen.

Gebruik de naam **Sectie 1**. Let op, maak geen conceptpagina aan.

Klik op **Verstuur** en herhaal dit proces voor de overige menu links.

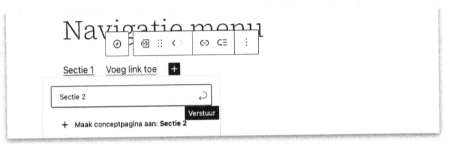

Selecteer daarna een **link**. Klik op het **koppeling** icoon om dit te bewerken. **URL** wordt **#p1**. Klik daarna op **Enter**.

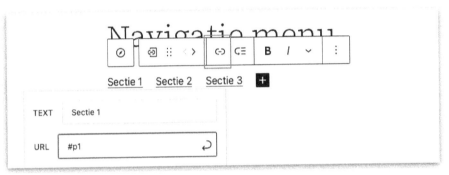

Klik daarna op de knop **Opslaan**.

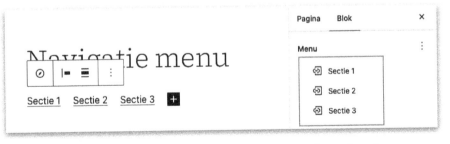

Met behulp van de Gutenberg plugin kun je vanuit **Blok opties** de menu volgorde aanpassen door deze te slepen. **Deactiveer** de plugin voordat je het volgende hoofdstuk doorneemt.

Navigatieblok in All in One Page

Het is mogelijk om in een Widget zijbalk/footer, Pagina of Bericht een navigatie menu te plaatsen. In dit hoofdstuk wordt een menu geplaatst bestaande uit Anchors (interne links). Maak eerst een pagina aan met daarin drie paragrafen. Elke paragraaf is voorzien van een HTML anker, p1, p2 en p3 (zie hoofdstuk *HTML ankers*).

Selecteer de eerste paragraaf, vanuit de **Top toolbar**, klik op **Opties** (3 puntjes), kies voor **Invoegen voor**.

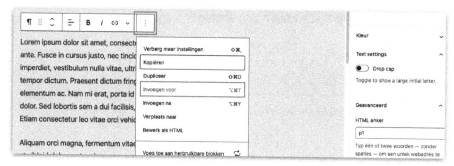

Plaats bovenaan de pagina het blok **Navigation (horizontaal)**.

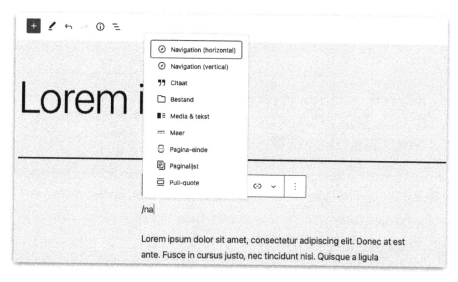

Een navigatiemenu wordt toegevoegd. Ga naar **Blok opties > Menu**.
Hier vind je een overzicht van alle menu's.

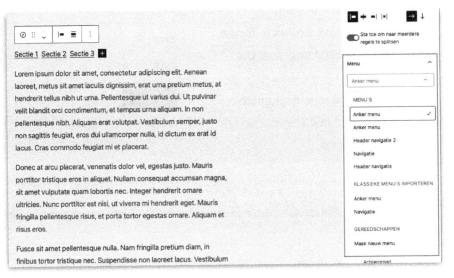

Zoals wordt aangegeven is het ook mogelijk om klassieke menu's te importeren. Selecteer het klassiek menu **Anker menu**.

Verder beschik je over een aantal instellingen. Dit is te vinden onder **Blok opties**. Selecteer m.b.v. **Lijstweergave** het blok **Navigation**.

Bij **Blok opties > Kleur**, selecteer een **Tekstkleur** en **Achtergrondkleur**. De opmaak mogelijkheden zijn beperkt.

Ga daarna naar **Blok opties > Tonen**. Bij **OVERLAY MENU** selecteer **Uit**.

Hiermee wordt het menupictogram (hamburger menu) niet vertoond in een tablet of smartphone.

Wil je over meer blok opties beschikken, gebruik dan Gutenberg editor plugins.

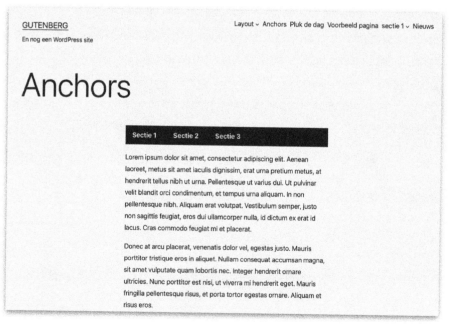

Bekijk de pagina.

WIDGET EDITOR

De blok-editor bevat de categorie **WIDGETS**.
Hiermee kun je onder andere sociale pictogrammen toevoegen aan een pagina of bericht.
Deze zijn anders dan de sociale pictogrammen
die gemaakt zijn door het thema.

Met widget-blokken in pagina's of berichten
wordt het mogelijk om de content beter te
organiseren, waardoor informatie sneller
gevonden kan worden.

Widget blok editor

Met het Gutenberg-project - Fase 2 is het Widgets-gedeelte vernieuwd.
De nieuwe widget-blok-editor is beschikbaar vanaf versie 5.8. Je kunt er
toegang toe krijgen via **Dashboard > Weergave > Widgets**.

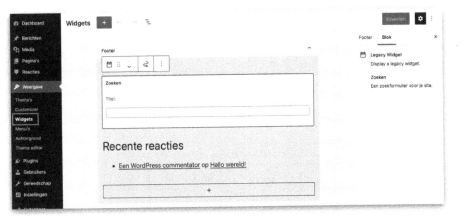

Met behulp van de nieuwe blok-interface kun je widgets en zelfs andere
blok-elementen toevoegen aan een zijbalk of footer.

Widgets beheren

Ga naar **Dashboard > Weergave > Widgets**.

Het thema bepaalt in welke delen van de template widgets worden opgenomen. In dit geval heeft het thema alleen een widget-gebied in de **footer**.

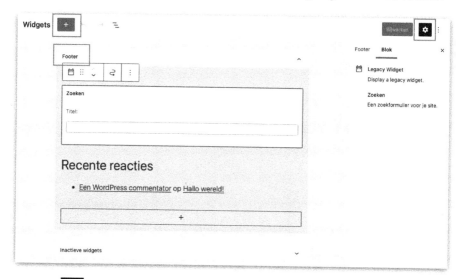

Met het ![+] icoon kun je widgets en standaard tekstblokken toevoegen. Selecteer een widgetblok. Klik vervolgens op **Instellingen** (tandwiel icoon rechtsboven) om de eigenschappen van het blok te bekijken. In dit voorbeeld wordt het **Legacy Widget**-blok gebruikt, dat widgets van het vorige systeem weergeeft. Zoals je kunt zien, zijn er voor oude widget-blokken geen blok-opties beschikbaar.

Verwijder alle Legacy (verouderde) Widgets en vervang ze door Gutenberg-widgets: **Search** en **Latest Comments**. Zoals je kunt zien, hebben de nieuwe widget-blokken verschillende blokopties.

Daarnaast kun je, net als in de tekst-editor, widget-blokken in een kolom plaatsen of groeperen.

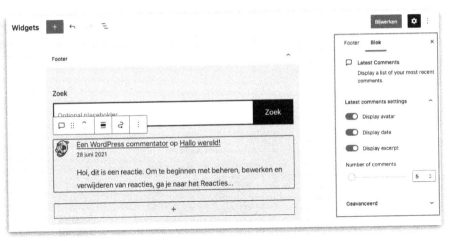

Met behulp van **Dashboard > Weergave > Customizer** kun je ook widgets beheren. Selecteer een blok en klik op **Opties** (drie bolletjes). Met behulp van **Toon meer instellingen** kun je het blok aanpassen.

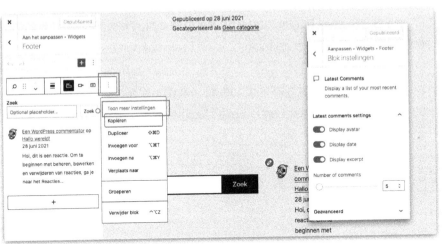

Op dit moment is het echter niet mogelijk om widgets in kolommen te plaatsen of te groeperen via **Dashboard > Weergave > Customizer**.

Het is nog steeds mogelijk om verouderde widgets te gebruiken, die afkomstig kunnen zijn van plugins of thema's.

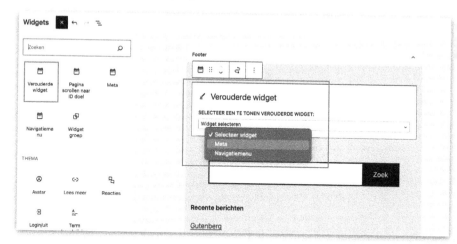

Widgets van een vorige versie zijn niet te vinden onder het ➕ icoon. Gebruik in dat geval het **Verouderde Widget**-blok. Nadat je het blok hebt geplaatst, kun je een keuze maken uit een selectiemenu.

Het kan voorkomen dat een verouderde widget niet werkt. In dat geval kun je op zoek gaan naar een nieuwe plugin of een nieuw thema.

BLOK AANPASSEN MET CSS

Met behulp van editor-plugins heb je extra blok-opties om elementen extra stijlen te geven, zoals typografie, kleur, borders, schaduw, animatie, margins, paddings, enzovoort. In sommige gevallen wil je echter net iets meer... Je wilt bijvoorbeeld een **Citaat-blok** een andere opmaak geven.

Helaas kun je dit effect niet bereiken met editor-plugins. Het Citaat-blok beschikt slechts over twee stijl-opties, *Standaard* en *Groot*.

Daarnaast wordt de opmaak bepaald door het actieve thema (Twenty Twenty-One). Met behulp van CSS kun je een blok-stijl maken. CSS staat voor Cascading Style Sheets, een scripttaal waarmee je elementen van stijlen kunt voorzien en aanpassen. Blok-opties maken gebruik van dezelfde techniek, maar dan onder de motorkap. Het systeem wordt hiermee niet belast met overbodige functies. Je gebruikt alleen wat nodig is.

HTML en CSS

Voordat we een style gaan maken, krijg je eerst meer informatie over
HTML en **CSS**. HTML staat voor Hypertext Markup Language, een scripttaal waarmee de structuur van een webpagina wordt aangegeven en welke onderdelen het bevat, zoals titels, paragrafen, kolommen en quotes.

Elk HTML-element heeft zijn eigen code ook wel **HTML Tag** genoemd.
Een tag wordt omvat door **<** en **>** (haak open en sluiten).
Een **Titel** gebruikt de tag **<h1>**. Een **Paragraaf** de tag **<p>**.
En een **Citaat** de tag **<blockquote>**.

In de praktijk ziet dit er als volgt uit: **<h1> Een mooie titel </h1>**.
Een internet-browser leest de code en genereert de tekst tussen de tags.
Omdat het een h1-tag betreft, wordt de tekst groter weergegeven dan gewone tekst. De titel is nog niet voorzien van een style.

Met CSS zorg je ervoor dat elementen worden voorzien van een style.
In de praktijk ziet dit er zo uit:

```
h1{
    color: orange;
    font-size: 20px;
}
```

h1 (zonder haakjes) is een CSS herkenningscode, ook wel **selector** genoemd. Tussen de accolades **{...}** vind je twee style omschrijvingen.
In dit geval een oranje tekstkleur en fontgrootte van 20 pixels.
Elke style regel wordt afgesloten met een **;** (puntkomma).

Het is mogelijk om meer styles toe te voegen. Een internetbrowser zal vervolgens alle h1 titels van de website voorzien van de opgegeven styles.

Plaats in de pagina een **Citaat** blok. Selecteer het blok **Citaat** vanuit Top toolbar, klik op **Opties** (3 puntjes) en selecteer: **als HTML bewerken**.

```
<!-- wp:quote {"className":"custom-quote"} -->
<blockquote class="wp-block-quote custom-quote"><!-- wp:paragraph -->
<p>Seize the day, but save some for tomorrow.</p>
<!-- /wp:paragraph --><cite><em>wp-books.com</em></cite></blockquote>
<!-- /wp:quote -->
```

Zoals je kunt zien gebruikt het citaat blok de HTML-tags: **blockquote**, **p** en **cite**. Daarnaast wordt ook een **class** gebruikt met de naam: **wp-block-quote**. WordPress gebruikt voornamelijk **Classes** om blokken te voorzien van styles. De class **wp-block-quote** is verantwoordelijk voor de huidige style. Om weer terug te keren naar het blok selecteer je vanuit Top toolbar de optie **Visueel bewerken**.

Wat is een Class? In CSS worden **selectors** gebruikt om styles mee te geven. Selectors kunnen HTML-tags zijn, zoals h1. Maar ook een herkenbare naam (class) gegeven door een web-beheerder.

In HTML wordt een class-naam gegeven m.b.v. een HTML-attribuut b.v.:
```
class="custom-quote"
```

In CSS begint een class-selector altijd met een **punt**:

```
.custom-quote{
    style 1;
}
```

Nu je weet wat de HTML-structuur is van een blokquote en dat WordPress Classes gebruikt om te stylen, kun je op zoek gaan naar CSS code. Let op! Het is handig om op zoek te gaan naar code met een soortgelijke opbouw.

Er zijn veel Quote styles te vinden op het internet. Zoek b.v. naar: "WordPress CSS Quote". De CSS code die in dit hoofdstuk wordt gebruikt kun je ook downloaden: wp-books.com/gutenberg.

Citaat blok stylen met CSS

Selecteer het citaat blok en ga naar **Blok**-opties **> Extra CSS-class(es)**. Plaats in het tekstveld de naam **custom-quote** (zonder punt).

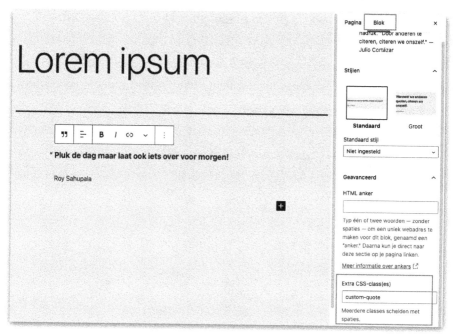

Een HTML class-attribuut met de naam *custom-quote* is opgenomen in HTML. Klik daarna op de knop **Updaten**.

Ga naar **Dashboard > Weergave > Customizer - Extra CSS**.

Door de pagina op te nemen in het navigatie-menu kun je de pagina bekijken in het preview-venster. Plaats CSS-code in de code-editor. Zoals je kunt zien, veranderd het citaat blok.

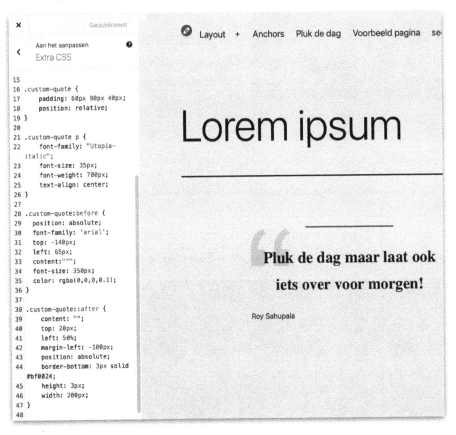

Door style regels in de code aan te passen kun je eigenschappen wijzigen.

Met CSS heb je net iets meer flexibiliteit dan met editor plugins. Een leuke website waar je veel CSS-codes kunt vinden, is **www.css-tricks.com**.

Omdat het zo leuk is ga ik nog één extra effect behandelen, **neonlicht**. Het effect werkt goed wanneer je de juiste lettertype combineert met een donkere achtergrondkleur of afbeelding. De CSS code kun je hier vinden: *css-tricks.com/how-to-create-neon-text-with-css*.

Google font

Eerst ga je een Google-font opnemen in je website. Dit kan ook zonder plugin. M.b.v. een **@import** code kun je dit opnemen in de website. Ga naar **fonts.google.com**. Typ in het zoekveld **Pacifico**. Klik op de Pacifico preview en klik op **+ Select this style**.

Klik daarna op de knop rechtsboven **View selected families**. Aan de rechterkant verschijnen instructies om de codes te verwerken.

Bij **Use on the web** selecteer je **@import**. Kopieer de code.
Let op de `<style>` tags worden niet gekopieerd.

Maak een nieuwe pagina aan. Plaats een **Omslagafbeelding**, linksonder
een **Heading** en selecteer dit blok.
Bij **Blok** opties > **Geavanceerd** > **Extra CSS class(es)** plaats de Class
naam **neonText** (zonder punt).

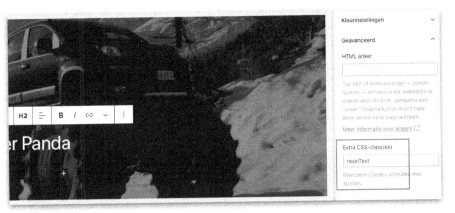

Ga daarna naar **Dashboard > Weergave > Customizer - Extra CSS**.
Plaats de **@import rule** bovenaan in **Extra CSS** (@import rules moeten
altijd bovenaan staan in een style sheet).

```
@import url('https://fonts.googleapis.com/css2?
family=Pacifico&display=swap');
```

Daaronder mag je de **CSS rule** verwerken in een **class**.
De naam van de class wordt **.neonText** (met punt).

```
.neonText{
    font-family: 'Pacifico', cursive;
}
```

Neonlicht

Ga naar *css-tricks.com/how-to-create-neon-text-with-css*.

Kopieer alle style regels van het eerste voorbeeld en voeg dit toe aan de class **.neonText** in **Customizer - Extra CSS**.

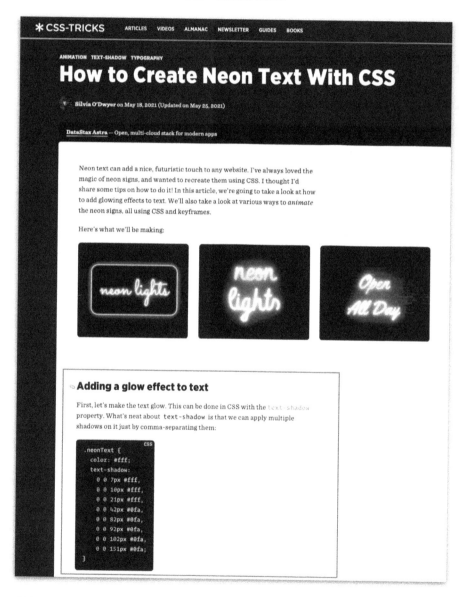

Bekijk de pagina met de omslagafbeelding vanuit de **Customizer**.
De gehele code ziet er zo uit:

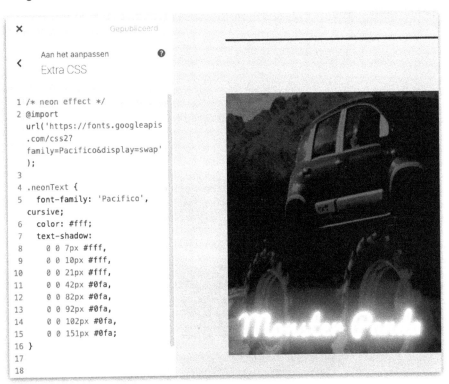

Het effect is direct te zien omdat de omslagafbeelding is voorzien van de juiste class. Wil je een andere kleur, pas dan de hexadecimale kleurcodes aan.

Tip: Maak je gebruik van een **Blok Thema** dan is de **Customizer** en **Extra CSS** niet meer opgenomen in het **Dashboard**.

In dat geval kun je extra CSS toevoegen met behulp van:

Dashboard > Gereedschap > Thema bestand editor.

ATOMIC DESIGN

WordPress heeft gekozen voor een design filosofie waarmee je met het kleinste element een website kan maken. Dit in tegenstelling tot andere methodes die vaak een *top down* approach hebben. Dit principe wordt **Atomic Design** genoemd. Met het Gutenberg project is het de bedoeling dat deze methode niet alleen in Pagina's of Berichten wordt toegepast, maar in het hele WordPress systeem.

In de toekomst kan een gebruiker met Gutenberg niet alleen pagina's en berichten opmaken, maar ook de layouts van plugins, widgets en zelfs thema's.

Design methode

Atomic design gaat uit van het kleinste element als bouwsteen. Het is een modulair systeem. Met bouwstenen maak je site onderdelen. Door deze te combineren maak je templates die je kunt opnemen in pagina's.

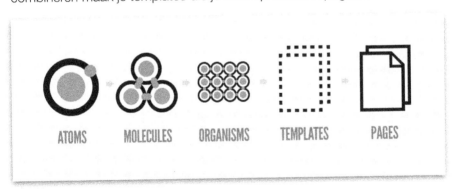

ATOMS   MOLECULES   ORGANISMS   TEMPLATES   PAGES

Een *bottom up* approach van eenvoudig naar complex. Componenten die zijn samengesteld kunnen snel worden afgebroken en opgebouwd. Het lijkt veel op Lego… We gaan kijken naar de vijf design componenten.

Atoms

Atoms zijn basis-componenten zoals titels, alinea's, knoppen, citaten, kolommen en tabellen.

Molecules

Groepen atoms worden molecules genoemd. Hierbij kun je denken aan elementen zoals een omslagafbeelding, media en tekst, een call to action en een galerij.

Organisms

Constructies bestaande uit atoms en molecules worden organismen genoemd. Deze zijn bedoeld voor een specifiek doel binnen een pagina. Hierbij kun je denken aan een header, sectie, scheidingslijn en footer.

Templates

Templates zijn organisms die de gehele breedte van een pagina innemen. Dit wordt ook sjabloon genoemd.

Pages

Het geheel van alle componenten vormt een page. Het bevat onderdelen zoals een header, navigatiemenu, secties, sjablonen, zijbalken en een footer. Een page kan snel en eenvoudig worden afgebroken en opnieuw worden samengesteld voor andere doeleinden.

Atomic design in WordPress

Het kleinste basis element in WordPress is een **blok**. Met een blok kun je pagina-onderdelen maken, ook wel **patronen** genoemd. Met diverse patronen kun je een volledige pagina opmaken, ook wel een **Template** genoemd. Het geheel wordt geplaatst in een thema, oftewel een **Layout**. Samen vormen ze een responsief geheel dat zich aanpast aan verschillende schermformaten.

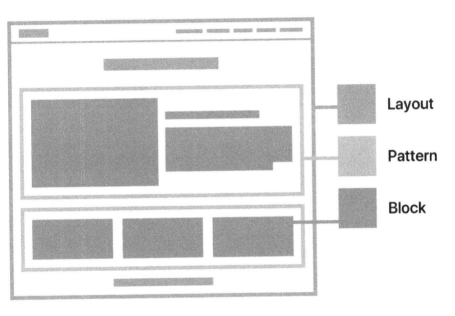

Blokken zijn individuele elementen.

Patronen bestaan uit layout-onderdelen.

Template is de volledige pagina-opmaak.

Thema bestaat uit diverse Pages.

Op basis van dit ontwerp-principe kan de layout van een thema worden opgebouwd. Vanaf fase 2 zal WordPress uitkomen met een **Site Editor**.

SITE EDITOR

Het opnemen van een site-editor in WordPress is een onderdeel van het Gutenberg-project. Hiermee wordt het mogelijk om een thema visueel aan te passen met behulp van blokken en patronen. Hiervoor is echter een **Block-Based Theme** nodig, ook wel een **Block Theme** of **FSE Theme** genoemd. FSE staat voor Full Site Editing. Een blokthema bevat standaard-functies en een basis-stijl.

Met behulp van een site-editor kan een gebruiker de stijl en structuur aan-passen met behulp van standaard- en template-blokken. De site-editor is inmiddels beschikbaar vanaf de tweede helft van 2021.

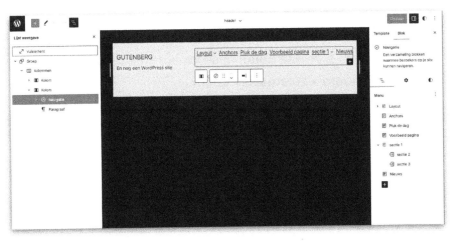

De site editor is te zien nadat een **blok thema** is geactiveerd.

Met het Gutenberg project wordt niet alleen een **page editor** maar ook een **site editor** opgenomen in WordPress.

Wil je zelf ervaren hoe dit werkt, neem dan de volgende stappen door.

Blok thema installeren

Er zijn een aantal Block-Based Themes beschikbaar. Ga naar **Dashboard > Weergave > Thema's**. Typ in het zoekveld **TT1 Blocks** en **installeer** en **activeer** vervolgens het thema.

Zoals je kunt zien, is de **Site Editor** opgenomen in het **Dashboard**. Ga naar **Dashboard > Weergave > Editor**.

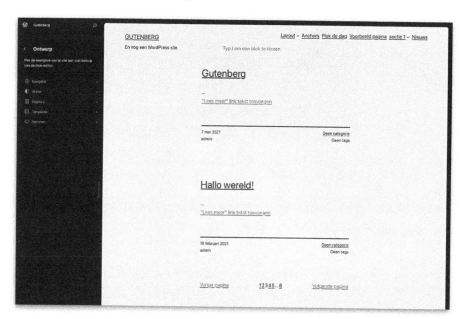

Met een Block-Based Theme kun je met de **site-editor** een thema visueel aanpassen. Technische kennis is hierbij niet nodig. Het werkt vergelijkbaar met werken in de pagina-editor. In de site-editor zijn naast standaardblokken ook **Thema-blokken** beschikbaar, zoals: **Site Logo, Site Tagline, Site Title, Template Part, Query, Query Loop, Query Pagination, Post Title, Post Content, Post Author, Post Comment**.

Het thema **TT1 Blocks** is een Block-Based versie van het Classic thema **Twenty Twenty-One**.

Met een Block-Based thema is het mogelijk om thema bestanden zoals o.a. Templates, Headers en Footers aan te passen en zelfs te maken.

Thema bestanden zijn te vinden onder: **Dashboard > Weergave > Editor > Templates / Patronen**.

Het aanpassen van een Classic thema is alleen mogelijk met behulp van code.

Hiervoor is kennis van de WordPress-structuur, HTML, CSS en een beetje PHP vereist. Meer informatie hierover vindt je in het boek **WordPress Klassieke Thema**.

Template onderdelen

Dit zijn thema onderdelen (parts) zoals o.a. een **Header** en **Footer**. Het bevat opmaak-structuur.

Deze kun je vinden onder:
Dashboard > Weergave > Editor > Patronen > Alle template onderdelen.

De **Header** bevat onderdelen zoals o.a. een logo, site-titel en menu.

De **Footer** bevat onderdelen zoals een site-titel en de footer-tekst zoals *Proudly Powered By WordPress*.

Templates

Dit zijn bestanden zoals een **startpagina**, **volledig bericht**, **pagina zonder zijbalk**, **404 pagina**, etc. Het bevat opmaak-structuur en bestaat uit de benodigde template onderdelen.

Een gebruiker kan per Pagina of Bericht aangeven welke Template wordt toegepast.
Dit is te vinden onder tab **Pagina > Template - Page**.

Blok thema aanpassen

Ga naar **Dashboard > Weergave > Editor > Templates > Index**. Dit is een standaard-template. Het genereert een overzicht van o.a. **Berichten**.

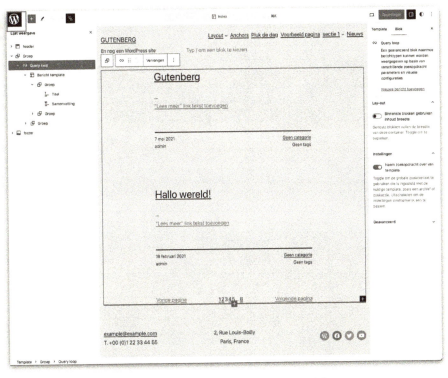

De template **Enkel** (single) genereert een volledig bericht.

Klik op een site element (blok). In de rechterkolom zie je **Template** en **Blok** opties. Met het **WordPress icoon** verlaat je de site editor.

Het is de bedoeling om met de editor structuur in een template aan te brengen. Content zoals Pagina's, Berichten, Menu of Widgets wordt automatisch in een template opgenomen. Template en standaard tekst-blokken zijn te vinden onder het **+** icoon.

De template **index** bestaat uit o.a. Template onderdelen, **Header**, **Footer** en **Thema blokken**. Met behulp van **Lijstweergave** of het **Kruimelpad** is te zien welke blokken zijn opgenomen in de template **index**.

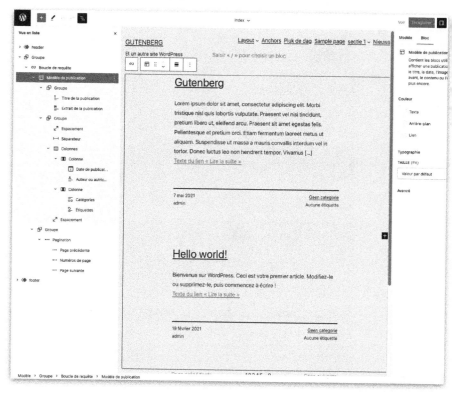

Dit zijn blokken zoals o.a. een **Site Title**, **Tagline**, **Navigation**, **Query Loop**, **Post Title**, **Post Author**, **Post Date**, **Post Categories, Post Tags** en **Query Pagination**.

Na het selecteren van een blok verschijnt er aan de rechterkant blok-opties. Dit is minder uitgebreid dan in een page-editor. Het is ook mogelijk om de volgorde van blokken te wijzigen of te verwijderen.

Navigatie menu

Selecteer vanuit **Lijstweergave** het blok **Navigatie**. Vanuit **Blok opties > Menu** kies voor - **Nieuw menu maken**. Klik daarna op het **+** icoon.

Voeg een aantal pagina's toe.
Zorg dat de laatste menu item is geselecteerd.

Ga daarna naar de **blok inserter** om het blok **Link naar beginpagina** toe te voegen.

Vanuit **lijstweergave** kun je de volgorde van het menu aanpassen. Klik daarna op knop **Opslaan**.

In het scherm is te zien dat je werkt in een **Template Part** n.l. **Header**. Een aanpassing in de header is daarna ook te zien in: **Dashboard > Weergave > Editor > Patronen > Header**.

Template onderdeel

We gaan de layout van de **Header** veranderen. Maak eerst een schets van de layout. Weet wat je gaat maken. De tussenruimte (spacers) boven en onder worden smaller. **Site Tagline** verwijderen. **Navigation** onder de **Site Title** plaatsen. In de rechterkolom plaats je footer informatie.

Site Title	Kolommen (70/30)	Social Icons
Navigatie		Separator
		Paragraaf

Ga naar **Dashboard > Weergave > Editor > Patronen - Header** en maak gebruik van **Lijstweergave**. Hiermee krijg je een duidelijk beeld van de constructie.

Header

Let op: je werkt met **Column** (kolom) en **Columns** (kolommen).

Sleep het blok **Navigation** naar de **linkerkolom** (uitlijnen: links).

Verwijder het blok **Site Tagline** onder het blok Site Title.

Selecteer **Column** (links daarna rechts) > **Blok** opties > **Column settings** - breedte links **70 %** daarna breedte rechts **30 %**.

Selecteer het blok **Site Title > Blok opties > Typografie** - grootte **60 px**.

Plaats het blok **Social Icons** in de **rechterkolom** (uitlijnen: rechts).

Met **+** icoon blok **Separator** toevoegen, kleur: wit.

Plaats een **Paragraaf** blok (Telefoonnummer en Adres) in de linkerkolom.

Selecteer **Columns > Blok opties > Stijlen > Kleur: Tekst** - Groen, **Achtergrond** - Grijs, **Link** - Groen.

Klik op de knop **Bewaar** en bekijk je site.

Footer

Ga naar **Dashboard > Weergave > Editor > Patronen - Footer**.
Selecteer **Footer** en maak gebruik van **Lijstweergave**.
Verwijder het blok **Vulelement, Kolommen** en **Scheidingsteken**.
Selecteer het tweede blok **Kolommen**. Bij **Blok opties > Stijlen > Kleur:
Tekst -** Groen, **Achtergrond** - Grijs, **Link** - Groen.
Sleep het blok **Site Title** naar de rechterkolom, het blok **Paragraaf** naar
de linkerkolom. Vergeet daarna niet om de uitlijning aan te passen.

Templates

Het blok **Query Loop** is in het thema **TT1** direct opgenomen in de standaard-template **Index**. In ander blok thema's is dit meestal niet het geval.

Selecteer het blok **Query Loop** met behulp van **Lijstweergave**. Dit blok
genereert een Bericht. Het begint met een *Titel* daarna het *Bericht*, *Meta-
gegevens* zoals *Datum*, *Auteur*, *Categorie* en *Tags*.

Helemaal onderaan is het blok *Query Pagination* te vinden. Dit zorgt voor
het generen van paginanummers nadat er meer berichten zijn gemaakt.

De **Columns** waarin **Meta-gegevens** zijn opgenomen plaats je direct **onder** de **Titel**. Daarna verwijder je het blok **Post Author** en **Post Terms**.

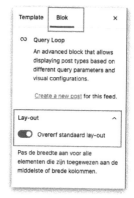

Selecteer het blok **Query Loop** Vanuit **Blok** opties > **Lay-out -** Overerf standaard layout - **activeren**.

Klik op de knop **Opslaan** en bekijk je site.

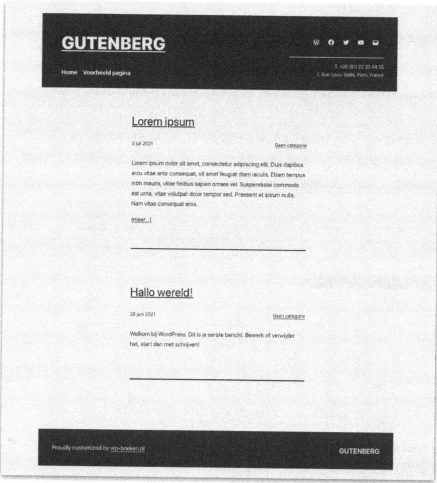

Enkel bericht

Vanuit de **site editor**, klik je op het **WordPress icoon** linksboven.
Selecteer de Template **Enkele berichten**. Dit genereert een volledig Bericht. Het bestaat uit een Titel, Bericht, Meta-gegevens en Reactieformulier.

Wil je dezelfde opbouw als in Template Index, sleep dan het blok **Columns**
met daarin **Meta-gegevens** boven het **Bericht** (Placeholder for post content). Verwijder daarna het blok **Post Author** en **Post Terms**.

Page en 404

Een **Page** template wordt gebruikt door **Pagina's**. Wil je in een Pagina of
Bericht een **Uitgelichte afbeelding** toepassen, gebruik dan het blok **Fea-
tured Image**. In dit voorbeeld is het blok boven de placeholder geplaatst.

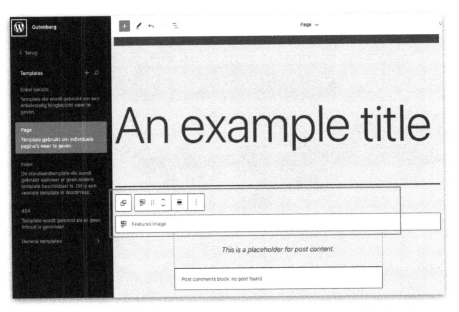

Een **404** template wordt vertoond, wanneer een gevraagde URL niet bestaat. Ook deze pagina mag je aanpassen.

Nieuwe Template

Maak eerst drie berichten met een **uitgelichte afbeelding**.

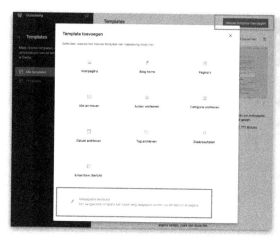

Ga daarna naar **Editor > Templates**. Klik op **Nieuwe template toevoegen** en selecteer **Aangepaste template**.

Noem het **Home-page**, kies geen Patroon en klik op **Overslaan**.

Plaats in dit geval een **Header**, **Content** (grid view) en een **Footer**. Voor een uitgelichte afbeelding gebruik je blok **Uitgelichte afbeelding**.

De inhoud van een bericht wordt hiermee automatisch gegenereerd.

Ga naar **Dashboard > Pages**.

Open een pagina en ga naar **pagina-instellingen > Template > Template wisselen** en selecteer **Home-page**.

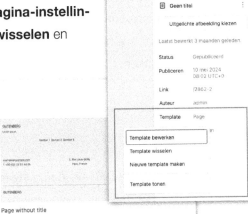

Klik op **Opslaan** en bekijk de pagina.

Conclusie

Met de site-editor is het mogelijk om de layout visueel aan te passen binnen de huisstijl van een blokthema. Inmiddels is het zelfs mogelijk om met de editor een blokthema te maken.

Meer informatie vindt je in het boek **WordPress Blok Thema**.

Vanaf WordPress versie 5.9 kun je nog steeds gebruikmaken van je favoriete klassieke thema's, maar ook van blok-thema's. De **site-editor** is inmiddels officieel vrijgegeven. Het is dan ook mogelijk om deze te gebruiken voor eigen projecten.

Wanneer een blokthema is geactiveerd, worden de dashboard-items **Customizer**, **Widgets** en **Menu's** vervangen door de **site-editor**. In dat geval kun je **extra CSS** toevoegen via **Dashboard > Gereedschap > Thema bestand editor**.

Met behulp van een site-editor wordt een thema toegankelijk gemaakt voor webdesigners, developers, web-beheerders en non-developers. Site-editor-plugins zullen naar verwachting het gebruiksgemak vergroten. Deze zullen ongetwijfeld door developers worden ontwikkeld.

Het thema **TT1 Blocks** is een leuk thema om mee te oefenen. Het is bekend omdat je eerder met het originele thema hebt gewerkt. Probeer ook eens andere FSE-thema's. Bekijk de bestanden, structuur en layouts. Dit geeft je veel kennis en inzicht.

TOT SLOT

Ik hoop dat dit boek inzicht heeft gegeven in wat Gutenberg is, wat je ermee kunt doen en wat er gaat komen. Een groot aantal onderdelen van het Gutenberg-project fase 3 is vanaf WordPress versie 6.4 opgenomen in het systeem. Hierin vind je extra blokken, opties, uitbreidingen in de top-toolbar, verbeterde widgets en lijstweergave.

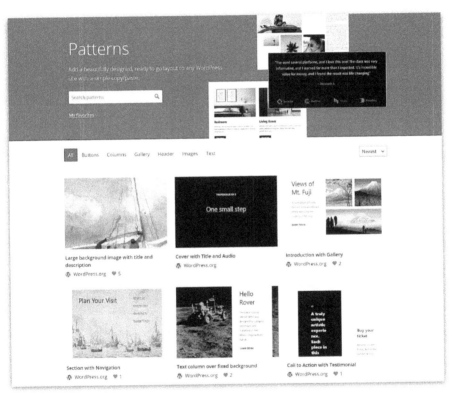

WordPress beschikt nu ook over een Patroon-bibliotheek. Hiermee wordt het mogelijk om snel en eenvoudig patronen te kopiëren en te plakken in een pagina of bericht. Zie *wordpress.org/patterns*. De bibliotheek zal bin-nenkort, net als thema's, bereikbaar zijn vanuit het dashboard van Word-Press.

Verder ondersteunt WordPress, een afbeeldingsformaat dat 25% tot 34% kleiner is dan een PNG- of JPEG-bestand zonder verlies van kwaliteit. Hierdoor wordt het laden van pagina's een stuk sneller.

Voor meer informatie ga naar:
developers.google.com/speed/webp.
Met het onderstaand adres kun je afbeeldingen m.b.v. drag & drop omzetten naar WebP: *squoosh.app.*

Inmiddels is fase 3 begonnen. Experimenten met multi-user editing zijn te vinden op het internet. De verwachting is dat dit in 2024 zijn intrede doet. Fase 4, het maken van een meertalige website zonder plugin, zal nog wel even duren.

Zoals je hebt kunnen zien, is het Gutenberg-project een grote stap voorwaarts. Het biedt een andere kijk op het maken van WordPress-websites.

Het advies dat ik je mee kan geven is, maak eerst een schets voordat je een layout gaat maken. Gebruik lijstweergave om de juiste blokken te selecteren. Er zijn voldoende standaard opties om alle blokken te voorzien van een stijl. Gebruik editor plugins alleen als je ze echt nodig hebt.

Dankzij de standaard Gutenberg-interface kunnen editor-plugins en blokthema's beter worden geïntegreerd in het systeem. Hierdoor ontstaat een uniforme manier van werken. De tijd dat third-party thema's en page-editors een eigen gebruikersinterface hebben, is voorbij.

Het wiel opnieuw uitvinden is niet nodig. Maak gebruik van bestaande patronen en sjablonen. Als je zelf iets hebt gemaakt, sla het dan op in een bibliotheek of exporteer en bewaar het voor nieuwe projecten. Kijk ook eens naar andere blokthema's. Hiermee vergroot je je kennis en inzicht.

Wat kunnen we nog verwachten?

Meer Blokken, Opties, Patronen, Sjablonen, Blokthema's en nog veel meer.

The future looks bright.

Ik wens je veel plezier met WordPress Gutenberg!

INFORMATIE

Wil je meer weten over de ontwikkeling van het Gutenberg Project dan zijn er een aantal websites en blogs die je in gaten kunt houden.

WordPress

wordpress.org/about/roadmap
wordpress.org/news

Gutenberg blok, plugins en thema's referentie

https://blocks.wp-a2z.org

Template builder

gutenberghub.com/introducing-gutenberg-template-builder
fullsiteediting.com

Blogs

gutenbergtimes.com
themeshaper.com
gutenberghub.com
wptavern.com

OVER DE SCHRIJVER

Roy Sahupala, multimedia-specialist

"Multimedia-specialist is maar een titel. Naast het maken van multimedia-producten geef ik al meer dan 26 jaar webdesign-training en blijf ik het leuk vinden als mensen enthousiast worden doordat ze in een korte tijd veel meer kunnen dan ze vooraf voor mogelijk hielden."

Na zijn opleiding Industriële Vormgeving, is Roy Sahupala opgeleid als multimedia specialist. Daarna is hij werkzaam geweest bij verschillende multimedia bureaus. Sinds 2000 is hij gestart met zijn bedrijf WJAC, With Jazz and Conversations. WJAC levert multimediaproducten voor uiteenlopende klanten en reclamebureaus.

Sinds 2001 is Roy naast zijn werkzaamheden voor WJAC ook actief als trainer en heeft hij in samenwerking met verschillende Internet Opleidingen diverse webdesign trainingen opgezet.

WordPress boeken geschreven door Roy Sahupala:

Meer informatie: *wp-books.com*.

www.ingramcontent.com/pod-product-compliance
Lightning Source LLC
Chambersburg PA
CBHW031239050326
40690CB00007B/866